目 录

国际法 …………………………………………………………………………………（1）

专题一 导论 ………………………………………………………………………（1）
　　考点1　国际法的渊源 ／1
　　考点2　国际法的基本原则 ／1

专题二 国际法的主体与国际法律责任 …………………………………………（1）
　　考点3　国家管辖权 ／1
　　考点4　国家主权豁免 ／1
　　考点5　国际法上的承认 ／2
　　考点6　国际法上的继承 ／2
　　考点7　联合国体系 ／2
　　考点8　国际法律责任 ／3

专题三 国际法上的空间划分 ……………………………………………………（3）
　　考点9　领土制度 ／3
　　考点10　河流制度 ／4
　　考点11　领海 ／4
　　考点12　毗连区 ／4
　　考点13　专属经济区和大陆架 ／5
　　考点14　群岛水域 ／5
　　考点15　公海和国际海底区域 ／5
　　考点16　南极法律制度 ／6
　　考点17　国际航空法律制度 ／6
　　考点18　外层空间法律制度 ／6
　　考点19　国际环保法 ／7

专题四 国际法上的个人 …………………………………………………………（7）
　　考点20　国籍的取得 ／7
　　考点21　国籍的丧失 ／7
　　考点22　中国人的出入境 ／7
　　考点23　外国人的出入境 ／8
　　考点24　外交保护 ／9
　　考点25　引渡 ／9
　　考点26　庇护 ／10

专题五 外交关系法和领事关系法 ………………………………………………（10）
　　考点27　使馆的特权与豁免 ／10
　　考点28　外交人员的特权与豁免 ／11
　　考点29　使馆和外交人员的义务 ／11
　　考点30　领事关系法 ／12

考点31　特别使团　/12

　专题六　条约法……………………………………………………………………………（12）
　　　考点32　条约的缔结程序和方式　/12
　　　考点33　条约的保留　/13
　　　考点34　条约的登记和生效　/14
　　　考点35　条约的终止　/14

　专题七　国际争端的和平解决……………………………………………………………（14）
　　　考点36　国际争端的解决方式　/14
　　　考点37　国际法院　/15
　　　考点38　国际海洋法法庭　/15

　专题八　战争与武装冲突法………………………………………………………………（16）
　　　考点39　战争开始的法律后果　/16
　　　考点40　战时中立　/17
　　　考点41　保护战时平民和战争受难者　/17

国际私法………………………………………………………………………………………（18）
　专题九　国际私法概述……………………………………………………………………（18）
　　　考点42　国际私法的渊源和调整对象　/18

　专题十　国际私法的主体…………………………………………………………………（18）
　　　考点43　自然人经常居所地的确定　/18

　专题十一　冲突规范和准据法……………………………………………………………（18）
　　　考点44　冲突规范　/18
　　　考点45　准据法的确定　/18

　专题十二　适用冲突规范的制度…………………………………………………………（19）
　　　考点46　定性（识别）　/19
　　　考点47　反致　/19
　　　考点48　外国法的查明　/19
　　　考点49　法律规避　/19
　　　考点50　公共秩序保留与直接适用的法　/19

　专题十三　国际民商事关系的法律适用…………………………………………………（20）
　　　考点51　意思自治原则在法律适用中的运用　/20
　　　考点52　自然人权利能力和行为能力的法律适用　/21
　　　考点53　宣告失踪和宣告死亡的法律适用　/21
　　　考点54　法人权利能力和行为能力的法律适用　/21
　　　考点55　时效的法律适用　/22
　　　考点56　信托的法律适用　/22
　　　考点57　仲裁协议的法律适用　/22
　　　考点58　物权的法律适用　/22
　　　考点59　合同之债的法律适用　/23
　　　考点60　侵权之债的法律适用　/23
　　　考点61　不当得利、无因管理的法律适用　/24
　　　考点62　商事关系的法律适用　/25

考点63　知识产权的法律适用　/26
　　考点64　婚姻与夫妻关系的法律适用　/26
　　考点65　监护关系的法律适用　/27
　　考点66　收养关系的法律适用　/28
　　考点67　继承的法律适用　/28

专题十四　国际民商事争议的解决 ……………………………………………………（29）
　　考点68　涉外仲裁协议　/29
　　考点69　涉外仲裁程序　/29
　　考点70　外国仲裁裁决的承认与执行　/29
　　考点71　外国人的民事诉讼地位　/31
　　考点72　涉外民商事案件的管辖权　/31
　　考点73　域外文书送达　/33
　　考点74　域外调取证据　/33
　　考点75　外国法院判决的承认与执行　/34
　　考点76　外资非正常撤离的跨国追究与诉讼　/35

专题十五　区际法律问题 ………………………………………………………………（35）
　　考点77　区际文书送达　/35
　　考点78　区际调取证据　/36
　　考点79　区际法院判决的认可和执行　/36
　　考点80　区际仲裁裁决的认可与执行　/38

国际经济法 ……………………………………………………………………………（40）

专题十六　国际货物买卖 ………………………………………………………………（40）
　　考点81　国际贸易术语　/40
　　考点82　《联合国国际货物销售合同公约》的适用范围　/41
　　考点83　要约承诺规则　/41
　　考点84　买卖双方的权利义务　/42
　　考点85　违约救济制度　/43
　　考点86　国际货物买卖合同的风险转移　/43

专题十七　国际货物运输与保险 ………………………………………………………（43）
　　考点87　提单和无单放货责任　/43
　　考点88　海上货物运输承运人的责任与免责　/44
　　考点89　其他国际货物运输法律制度　/45
　　考点90　国际海上货物运输保险　/45

专题十八　国际贸易支付 ………………………………………………………………（47）
　　考点91　跟单托收　/47
　　考点92　信用证的种类、当事人及法律关系　/47
　　考点93　信用证下银行的责任与免责　/47
　　考点94　信用证欺诈及例外原则　/48

专题十九　对外贸易管理制度 …………………………………………………………（49）
　　考点95　对外贸易法　/49
　　考点96　出口管制法　/49

考点 97　反倾销措施　/50
考点 98　反补贴措施　/52
考点 99　保障措施　/52

专题二十　世界贸易组织 ……………………………………………………………（53）
考点 100　WTO 基本制度　/53
考点 101　WTO 最惠国待遇原则　/53
考点 102　《与贸易有关的投资措施协议》　/54
考点 103　《服务贸易总协定》　/54
考点 104　WTO 争端解决机制　/55

专题二十一　国际经济法领域的其他法律制度 ………………………………（56）
考点 105　《保护工业产权巴黎公约》　/56
考点 106　《保护文学艺术作品伯尔尼公约》　/56
考点 107　《与贸易有关的知识产权协议》（TRIPS 协议）　/57
考点 108　国际知识产权许可协议　/58
考点 109　多边投资担保机构（MIGA）　/58
考点 110　国际投资争端解决中心（ICSID）　/59
考点 111　特别提款权　/60
考点 112　国际融资担保　/60
考点 113　国际贷款协议　/61
考点 114　国际税法　/61

法律文件简称对照表

简称	全称
涉外民事关系法律适用法解释（一）	最高人民法院关于适用《中华人民共和国涉外民事关系法律适用法》若干问题的解释（一）
仲裁法解释	最高人民法院关于适用《中华人民共和国仲裁法》若干问题的解释
民诉解释	最高人民法院关于适用《中华人民共和国民事诉讼法》的解释

国际法 [答案详解]

专题一 导 论

考点1 国际法的渊源

1．国际习惯[AC]

[解析] 国际法渊源包括国际习惯法和国际条约。二者的区别是国际习惯法约束所有国家，而国际条约只约束其缔约国。

本题中，区分对象原则是国际习惯法，所以甲乙丙三国都受该原则的拘束。条约仅对缔结国有拘束力，丙国在退出协定书之后，就不再受该协定书的拘束，但是依然受区分对象原则的拘束。所以 A、C 项表述错误，B、D 项表述正确。

考点2 国际法的基本原则

2．国际法基本原则的特征；不得使用武力或武力威胁原则；民族自决原则；和平解决国际争端原则[ACD]

[解析] 国际法基本原则的基本特征有四点：(1)各国公认；(2)适用于国际法律关系的所有领域；(3)构成国际法体系的基础；(4)具有强行法性质。故 A 项正确。

不得使用威胁或武力并不是禁止一切武力的使用，凡是符合《联合国宪章》和国际法规则的武力使用是被允许的。除了自卫行动外，经联合国授权的维和行动也属于合法使用武力的范畴。故 B 项错误。

民族自决原则中独立权的范围，仅仅适用于殖民地民族的独立，不得扩大适用。对于一国国内的民族分离主义活动，不得援引民族自决原则作为根据。严格禁止任何国家假借民族自决名义，制造、煽动或支持民族分裂行为。故 C 项正确。

和平解决国际争端原则是指国发生争端时，都必须采取和平的方式予以解决，禁止将武力或武力威胁的方式付诸争端解决的过程中。1928 年《巴黎非战公约》首次把和平解决国际争端规定为一项普遍性的国际义务。故 D 项正确。

专题二 国际法的主体与国际法律责任

考点3 国家管辖权

3．国家管辖权中的保护性管辖和引渡[A]

[解析] 保护性管辖的条件有三：(1)外国人；(2)犯罪行为在域外；(3)侵犯了我国的重大利益。张某侵吞中国国企驻甲国办事处的财产符合保护性管辖权的三个条件，据此，中国可以对张某的行为实行管辖。故 B 项错误。这种管辖通过两种途径实现，一是在张某进入中国境内时对其进行拘捕，故 A 项正确；二是通过引渡，在没有双边引渡条约的情况下，引渡是国家的权利而非义务，"有义务"的说法错误，故 D 项错误。

《联合国海洋法公约》规定，除国际条约或本公约明文规定的例外情况，在公海上的船舶受其船旗国的专属管辖。保护性管辖不能在公海行使，因此张某乘甲国商船逃至公海时，中国无权派员在公海将其缉拿。故 C 项错误。

4．国家独立权、政府间国际组织[BC]

[解析] 国家独立权是指国家依照自己的意志处理内外事务并不受他国控制和干涉的权利。乙国无义务让"恐龙国际"在乙国发展会员；乙国有权依照其本国法律阻止该组织在乙国的活动；该组织在乙国从事活动，必须遵守乙国法律。故 A 项错误，B、C 项正确。

政府间的国际组织是指通过政府协议成立的、旨在进行国际合作、具有常设机构的国家间的联合体。"恐龙国际"只是一个在甲国以非营利性社会团体注册成立的组织，尽管已经获得联合国经社理事会注册咨商地位，仍无法被视为政府间国际组织。故 D 项错误。

考点4 国家主权豁免

5．国家主权豁免[BC]

[解析] 本题中，乙国驻甲国使馆实施的办公设备买卖行为，可以视为国家的行为。管辖豁免的放弃可以分为明示放弃和默示放弃两种形式。明示放弃是指国家或其授权的代表通过条约、合同、其他正式文件或声明，事先或事后以明白的语言文字表达就某种行为或事项上豁免的放弃。A 项中，乙国同意适用甲国的法律，不能表明乙国放弃了其管辖的豁免。故 A 项错误。默示放弃是指国家通过在外国法院的与特定诉讼直接有关的积极行为，表示其放弃豁免而接受法院管辖，包括国家作为原告在外国法院提起诉讼、正式出庭应诉、提起反诉，或作为诉讼利害关系人介入特定诉讼等。故 C 项正确。

国家在外国领土范围内从事商业行为本身不意味着豁免的放弃。国家或其授权的代表为主张或重申国家的豁免权，对外国法院的管辖作出反应，出庭阐述立场或作证，或要求法院宣布判决或裁决无效，都不构成豁免的默示放弃。也即一国仅为援引豁免之目的而介入诉讼并不视为同意另一国家的法院对其行使管辖权。故B项正确。

一国不能通过本国立法来改变别国的豁免立场，也不能将一国对某一特定事项上的豁免放弃推移到其他事项上，或将一国的豁免放弃推移到另一国家上。国家豁免的放弃必须是特定的、自愿的、明确的。以往接受过管辖，并不代表现在会接受管辖。故D项错误。

6．国家管辖豁免的放弃；国家执行豁免的放弃[B]

[解析] 国家豁免权的放弃，是指国家可以自愿地就某种特定行为或不行为接受外国法院的管辖。一国对管辖豁免权的放弃，并不意味着对执行豁免同时放弃。故A项错误，B项正确。不能将一国的豁免权放弃推移到其他国家身上。故C项错误。绝对豁免和相对豁免理论的差异在于管辖豁免上，两种理论都坚持国家享有执行豁免。故D项错误。

考点5 国际法上的承认

7．国家的承认；承认与建交的关系[A]

[解析] 国家承认是指现存国家对新国家产生的事实给予确认并接受由此而产生的法律效果，与新国家进行正常交往的行为。对新国家承认后就是一种既定事实，无法回转，与是否建立外交关系也是两个问题。故A项正确。国家承认是一种事实认可，不存在撤回问题。故B、C项错误。

承认的表示方式：(1)明示承认：以明白的语言文字直接表达承认，包括通过正式通知、函电、照会、声明等单方面表述，也包括在缔结条约或其他正式国际文件中进行明确表述。(2)默示承认：通过与承认对象有关的行为表现出承认的意思，包括与承认者建立正式外交关系、与承认者缔结正式的政治性条约、正式接受领事或正式投票支持参加政府间国际组织的行为等。建立外交关系属于法律意义的默示承认之一，并非事实上的承认。故D项错误。

考点6 国际法上的继承

8．国家债务的继承[B]

[解析] 丙国为国家合并而产生的新国家，对原甲、乙两国的非恶债应予继承。故A项错误。

甲国中央政府所借债务属于国家债务；而甲国南方省所借债务属于地方债务，不在国家继承的范围之内。故B项正确，C项错误。

D项乙国元首以个人名义所借款项属个人债务，不应由丙国政府承担。故D项错误。

考点7 联合国体系

9．联合国体系；安理会表决机制[C]

[解析]《联合国宪章》规定，联合国安理会采取每一理事国一票的表决制度。对于程序性事项的表决，要求9张同意票即可通过；对于实质性事项的表决，则须遵守"大国一致原则"，也就是要满足三个条件：(1)同意票必须达到9票；(2)不得有常任理事国的否决票；(3)常任理事国的弃权或缺席不构成否决。常见的实质性事项主要包括：和平解决国际争端及采取有关行动、向大会推荐接纳新会员国或秘书长人选、建议中止会员国权利或开除会籍等。

常任理事国的弃权和缺席均不被视为否决，不影响决议的通过。故A项错误。

非常任理事国2票否决也不影响决议的通过。故B项错误。

常任理事国没有会员国投否决票，且有4票赞成，加上非常任理事国的8票，共12票，已经达到安理会对实质性问题表决通过的要求。故C项正确。

甲国出兵侵略另一会员国属于涉及和平安全有关的事项，属于实质性事项，需要全体常任理事国在内的9个同意票。故D项错误。

10．联合国大会的职权[D]

[解析] 联合国大会对于联合国组织内部事务通过的决议对于会员国具有约束力，对于其他一般事项作出的决议只有建议性质，不具有法律拘束力。故A项错误。

联合国大会的表决实行会员国一国一票制，各国不论大小，一律一国一票。故B项错误。

联合国大会不是一个立法机关，而主要是一个建议和审议机关。故C项错误。

根据《联合国宪章》，大会具有广泛的职权，可以讨论宪章范围内或联合国任何机关的任何问题，但安理会正在审议的除外。故D项正确。

11．安理会的职权；国家管辖权[C]

[解析] 安理会是联合国唯一有权采取行动的机关，维护国际和平与安全是其主要职能。本题中，甲国海盗已严重危及国际海运的安全，安理会有权作出授权外国军舰打击海盗的决议。故A项错误。

安理会的决议有明确的针对性，各国不能超出决议范围行事，否则将违反国际法。本题中，根据安理会决议，外国军舰打击海盗的范围限于甲国领海，且须经过甲国同意，若其进入任一其他国家领海则将构成对该国领土主权的侵犯。故B项错误。

国际习惯是产生普遍拘束力的习惯做法。安理会的单个决议并不具备国际习惯产生的要件，只有该决议被反复一致地适用，产生国际上普遍拘束力，才可能成为国际习惯法，从而被国际社会所遵守。故C项正确。

保护性管辖是指国家对于在其领土范围以外从事严重侵害该国或其公民重大利益的行为的外国人

进行管辖的权利。一国行使保护性管辖必须是该侵害行为根据该国国内法与行为地法均构成犯罪。普遍性管辖权是指根据国际法的规定，对于危害国际安全与和平及全人类利益的某些国际犯罪行为，不论该行为人国籍及行为发生地，各国都有进行管辖的权利。本题中，乙国军舰为解救丙国商船而进入甲国领海的行为属于普遍性管辖。故D项错误。

考点8　国际法律责任

12．国际责任中的国际赔偿责任制度；国际海事组织[C]

[解析]　国际赔偿责任专门针对国家从事某些具有跨国性危害的开发或试验性活动而设置。《关于核损害的民事责任的维也纳公约》实行双重责任制度，国家和营运人共同承担对外国损害的赔偿责任。国家保证营运人的赔偿责任，并在营运人不足赔偿的情况下，对规定的限额进行赔偿。本题中核污染造成跨国危害，已不属于内政范围，甲国对此承担国际法律责任，并与营运人共同承担赔偿责任。故A、D项错误，C项正确。

国际海事组织的宗旨是为促进各国间的航运技术合作，鼓励各国在促进海上安全、提高船舶航行效率、防止和控制船舶对海洋污染方面采取统一的标准，处理有关的法律问题。本题不是船舶对海洋的污染，不需要得到国际海事组织的同意。故B项错误。

13．国际法律责任[C]

[解析]　一国有与他国建交或者断绝外交关系的权利，这属于一国的内政，是国家主权的内容之一，他国不得干涉。甲、乙两国行为并不违反国际法，也不应承担国际法上的国家责任。故A、B项错误。

根据《维也纳条约法公约》的有关规定，两国间签订的以外交关系为适用对象的《外交特权豁免议定书》，由于两国断绝外交关系而终止。故C项正确。

根据《维也纳外交关系公约》的规定，使馆的财产和档案无论何时何处，均不得侵犯，即使两国断交、使馆馆长长期或暂时撤退、发生冲突时都不例外。因此D项错误。

14．国家责任；国家豁免权[C]

[解析]　国家主权豁免放弃包括明示放弃和默示放弃两种。其中，默示放弃包括国家作为原告在外国法院提起诉讼、正式出庭应诉、提起反诉或作为利害关系人介入特定诉讼等"诉"的行为。一国驻外使馆属于驻外国家机关，其行为归因于派遣国，若乙国使馆在丙国法院起诉，意味着乙国就本案放弃管辖豁免权，这是国际法允许的。故A项错误。

国有企业的国有资产在商事交往中，一律不

享有豁免权。因此，克森公司不享有司法管辖豁免。故B项错误。

尽管甲国非乙国使馆驻在国，但克森公司是甲国公司，乙国使馆可以作为普通原告就该事项向甲国法院提起诉讼。故C项正确。

克森公司虽为国有公司，但其与乙国使馆之间的纠纷属一般的商业行为纠纷，并不是国际法上的国家行为，所以甲国不应承担国家责任。故D项错误。

专题三　国际法上的空间划分

考点9　领土制度

15．边境制度[D]

[解析]　依据国际法，关于边界的维护，双方都应采取必要的措施防止界标被移动、损坏和灭失。若一方发现界标被损坏，应尽快通知另一方，在双方代表在场的情况下修复或重建。在本题中，甲国发现界标被毁后应尽快通知另一方，不能单独修复或重建。故A项错误。

关于甲国一些公民趁机偷渡到另一国的处理，两国对之都有管辖权，应由两国共同处理，B项与C项均强调只能由一国的边界管理部门处理。故B、C项错误。

甲、乙两国对界标的维护负有共同责任。故D项正确。

16．领土的取得方式[AC]

[解析]　在国际法上传统的领土取得方式有：先占、时效、添附、征服、割让。

甲国围海造田，没有损害他国的利益，属于人工添附的领土取得方式。故A项正确。

乙国邻国同意割让其部分领土，是基于其武力胁迫，属于强制割让。从现代国际法看，由战争或不平等条约造成的割让都是违反国际法的。故B项错误。

丙国与其邻国经平等协商，将各自边界的部分领土相互交换，为合法。故C项正确。

丁国派兵持续控制邻国部分领土，其本身非法，同时国际法上对取得时效的期限并无明确规定，时效现在基本没有普遍适用意义。故D项错误。

17．《芝加哥公约》的领空主权原则[BC]

[解析]　国家对于其领土上空的空气空间享有绝对主权。没有得到地面国家许可，外国航空器不得飞经或飞入。故A项错误，B项正确。

对于非法入境的外国航空器，国家有权采取措施。采取符合国际法有关规则的任何适当手段，包括要求其终止此类侵犯立即离境或要求其在指定地点降落等，但不得危及航空器内人员的生命和航空器的安全，避免使用武器。故C项错误，D项正确。

考点10 河流制度

18．界水[B]

[解析] 界河以主航道或河道中心线为界，一般而言各国行为须恪守界线，渔民一般只能在界河的本国一侧捕鱼。故A项错误。

相邻国家在界水上享有平等的航行权，船舶在航行时应该具有明显的国籍标志。除遇难或有其他特殊情况外，一方船舶未经允许不得在对方靠岸停泊。本案中，甲国渔船在遇险的紧急情况下可以不经许可停靠乙国河岸避险。故B项正确。

一方如欲在界水上建造工程设施，如桥梁、堤坝等，应取得另一方的同意。故C项错误。

一国在使用界水时，不得损害邻国的利益。包括不得采取可能使河流枯竭或泛滥的措施，更不得单方故意使河水改道。故D项错误。

19．多国河流与国际河流的区别[AC]

[解析] 多国河流是流经两个或两个以上国家领土的河流，多国河流流经各国的河段分别属于各国领土，各国分别对位于其领土的一段拥有主权。各国不得有害地利用该河流，不得使河流改道或堵塞。故A项正确，B项错误。

国际河流是通过条约规定对所有国家开放航行的多国河流。国际河流一般允许所有国家的船舶特别是商船无害通过，国际河流流经各国领土的河段仍然是该国主权下的领土。故C项正确，D项错误。

20．界河[D]

[解析] 本题中的纳列温河是甲国和乙国的界河，所以该河流是两国的界水。关于界水的利用和保护一般由边界文件加以规定。一般沿岸国对界水有共同的使用权。一国如欲在界水上建造工程设施，如桥梁、堤坝等，应取得另一方的同意。故A项错误。

除遇难或有其他特殊情况外，一方船舶不得在对方靠岸停泊，故B项错误。

界河分属沿岸国家的部分为该国领土，处于该国主权之下，所以渔民一般只能在界水的本国一侧捕鱼，故C项错误。

相邻国家在界水上享有平等的航行权，在主航道上沿河航行不需要经过乙国的同意，故D项正确。

考点11 领海

21．领海;毗连区;大陆架法律制度[C]

[解析] 领海中的无害通过权只适用于船舶，不适用于飞机。对于军舰是否享有无害通过权，各国实践并不一致，根据《领海及毗连区法》规定，外国军用船舶通过中国领海，须经中国政府批准。因此A、D项错误。

紧追权是沿海国拥有对违反其法规并从该国管辖范围内的海域向公海行驶的外国船舶进行追逐的权利。紧追可以开始于一国的内水、领海、毗连区或专属经济区，可以追入公海中继续进行，直至追上并采取措施，但必须是连续不断的。因此B项错误。

根据《专属经济区和大陆架法》规定，任何国家在遵守国际法和我国立法的前提下，在中华人民共和国的专属经济区和大陆架享有铺设海底电缆和管道的自由。铺设海底电缆和管道的路线，必须经中华人民共和国主管机关批准。因此C项正确。

22．领海及领海制度[BC]

[解析] 沿海国可制定有关无害通过的法规，指定海道或分道航行，为国家安全可在特定水域暂停实行无害通过。丁国对"前进"号油轮实行分道航行的规定符合法律规定，并非歧视。故A项错误。

无害通过必须满足不损害沿海国和平、安定和正常秩序的条件。违反上述条件即为有害，其中包括进行研究和测量活动。因此，"阳光"号在丁国领海进行测量活动是违反无害通过的。故B项正确。

"青田"号作为甲国货轮，拥有无须事先通知或征得沿海国许可而连续不断地通过其领海的航行权利。故C项正确。

无害通过是任何国家都拥有的一项权利，沿海国不应对此进行妨碍，不得仅以通过领海为由向外国船舶征收费用。故D项错误。

考点12 毗连区

23．毗连区;专属经济区;大陆架[D]

[解析] 毗连区不是国家领土，国家对毗连区不享有主权。因此，各国的飞机在符合国际法和我国法律的情况下可以自由航行和飞越，故A项错误。B项规定存在于领海的无害通过权制度中，对于毗连区没有相关限制性规定，故B项错误。【知识拓展】国家可以在毗连区内行使下列事项所必要的管制：(1)防止在其领土或领海内违反其海关、财政、移民或卫生的法律或规章；(2)惩处在其领土或领海内违反上述法规的行为。

根据我国《专属经济区和大陆架法》的规定，我国对大陆架上的自然资源行使主权权利。我国对在专属经济区和大陆架违反我国法律、法规的行为，有权采取必要措施，依法追究法律责任，但并没有关于C项的明确规定。另外本题是单选题，以选择最优项的原则，也应排除C项。

根据我国《专属经济区和大陆架法》的规定，任何国际组织、外国的组织或者个人在中华人民共和国的专属经济区和大陆架进行海洋科学研究，必须经中华人民共和国主管机关批准，并遵守中华人民共和国的法律、法规。故D项正确。

24．毗连区;领海[D]

[解析] 无害通过权是外国船舶在沿海国领海上

享有的一种权利,而船舶通过毗连区的权利性质取决于所依附的领海,或为专属经济区或公海。毗连区不构成国家领土的组成部分,不适用无害通过制度。故A项错误。

毗连区不是国家领土,国家对毗连区不享有主权,而且国家对于毗连区的管制不包括其上空。故B项错误。

分道通航是航海国为了航行安全,对外国船舶通过领海或用于国际航行的海峡所设定的航行管理制度,不适用于毗连区。外国船舶在沿海国的毗连区可以自由航行,不能采用分道航行。故C项错误。

国家可以在毗连区内行使为下列事项所必要的管制:一是防止在其领土或领海内违反其海关、财政、移民和卫生等方面的法律或规章;二是惩处在其领土或领海内违反上述法规的行为。故D项正确。

考点13 专属经济区和大陆架

25．专属经济区[C]

[解析]专属经济区并非沿海国领土,其上空不是沿海国的领空,对在专属经济区上空飞行的他国飞机和在专属经济区航行的他国船舶,沿海国无权采取任何武力行动。故A、B项错误。

沿海国在专属经济区的权利主要体现为对该区域的自然资源拥有专属勘探开发权以及与此相关的管辖权,修建风力发电站即为自然资源的开发权。故C项正确。

沿海国在专属经济区的权利仅及于该区域的自然资源,自然资源以外的权利并非沿海国专属。故D项错误。

26．专属经济区的法律地位;沿海国对专属经济区的权利义务[B]

[解析]沿海国对专属经济区的权利:(1)勘探、开发、养护和管理海床和底土及其上覆水域自然资源为目的的主权权利以及在该区域内从事经济性开发和勘探的主权权利。(2)建造和使用人工岛屿和设施、海洋科学研究、海洋环境保护事项的管辖权。(3)制定符合国际公约的专属经济区法规以及必要的辅助执行手段,包括登临、检查、逮捕和司法程序。故A项错误,B项正确。

专属经济区并非国家领土,因此在专属经济区上的任何行为都不会产生沿海国领土的添附,对于在其专属经济区上修建的人工岛屿,沿海国可主张管辖权,但不能主张主权。故C项错误。

沿海国对专属经济区的义务:(1)允许其他国家在此区域内的航行和飞越权、铺设海底电缆和管道及其他合法活动。(2)对外国船舶违法行为采取措施时需遵循一定的规则。故D项错误。

27．专属经济区及其法律制度[ABD]

[解析]《联合国海洋法公约》的规定,在专属经济区对外国船舶违法行为采取措施时,应遵循以下规则:(1)对于被捕的船只及其船员,在其提出适当的保证书或担保后,应迅速予以释放。故A、B项正确。(2)沿海国对于在专属经济区内仅违反渔业法规的处罚,如有关国家间无相反的协议,不得采取包括监禁或任何形式的体罚。故C项错误。(3)在逮捕或扣留外国船只时,沿海国应通过适当途径将所采取措施和随后进行的处罚迅速通知船旗国。故D项正确。

考点14 群岛水域

28．专属经济区;群岛水域[D]

[解析]所有国家的船舶享有通过除群岛内水以外的群岛水域的无害通过权,即他国船舶有无须征得甲国许可而连续不断地通过其群岛水域的航行权利。因此,他国船舶通过甲国的群岛水域无须经过甲国的许可。故A项错误。

群岛国可以连接群岛最外缘各岛和各干礁的最外缘各点构成直线群岛基线,群岛基线的确定需要满足《联合国海洋法公约》规定的条件,其中之一就是基线不能明显偏离群岛轮廓,不能将其他国家的领海与公海或专属经济区隔断。故B项错误。

群岛水域的划定不妨碍群岛国可以按照《联合国海洋法公约》划定内水,及在基线之外划定领海、毗连区、专属经济区和大陆架。故C项错误。

依《联合国海洋法公约》的群岛水域制度,群岛国对其群岛水域包括上空和底土拥有主权。故D项正确。

考点15 公海和国际海底区域

29．领海的无害通过权;紧追权的行使条件[BC]

[解析]依据国际习惯法规则,外国船舶在领海内享有无害通过权,即外国船舶在不损害沿海国和平安宁和正常秩序的条件下,拥有无须事先通知或征得沿海国许可而连续不断地通过其领海的航行权利。"乐安"号可不经批准穿行丁国领海,但其间不能进行停泊转运货物,否则超越了无害通过权的范围。故A项错误。

《联合国海洋法公约》规定沿海国可在毗连区行使下列管制:(1)防止在其领土或领海内违反其海关、财政、移民或卫生法律和规章;(2)惩治在其领土或领海内违反上述法律和规章的行为。因此,"乐安"号在丁国毗连区走私货物,丁国海上执法船可行使紧追权,丁国海上执法机关也可出动飞机行使紧追权。故B、C项正确。

实施紧追权时,当被追逐的船舶进入其本国或第三国领海时,紧追才应终止。因此,丁国海上执法机关对"乐安"号的紧追权在其进入公海时立即终止这一说法错误。故D项错误。

30．紧追权[A]

[解析] 紧追必须连续不停地进行，不得中断。如果紧追船舶、飞机需要更替时，须在后者到达后方能退出，否则即视为中断。本题中，乙国A舰因机械故障退航后，B舰才采取行动，乙国军舰的紧追行为已经中断，其也丧失了对甲国渔船继续紧追的权利。故A项正确，D项错误。

紧追可从沿海国的内水、群岛水域、领海、毗连区、专属经济区或大陆架开始，是否具有紧追权取决于该国是否对该海域有相应的管辖权。对外国船舶在领海的走私活动，沿海国有管辖权，当然也就有权从领海对违法船舶实施紧追。故B项错误。

紧追只有在被追船舶视听所及的距离内发出停驶信号后才可开始。故C项错误。

考点16 南极法律制度

31．《南极条约》关于南极地区法律制度[CD]

[解析]《南极条约》规定各国冻结南极领土主权的要求，这是南极法律制度的核心，其含义为：(1) 不得解释为放弃原来主张；(2) 不得创设任何主权权利；(3) 不得提出新的要求或扩大现有要求。故A、B项错误，C项正确。

《关于环境保护的南极条约议定书》规定，严格禁止"侵犯南极自然环境"，严格"控制"其他大陆的来访者，严格禁止向南极倾倒废物，以免造成对该水域的污染。禁止在南极地区开发石油资源和矿产资源。因此，丙国旅游开发不得对南极环境系统造成破坏。故D项正确。

考点17 国际航空法律制度

32．国际民用航空安全制度；国际刑事法院[B]

[解析] 1963年《东京公约》、1970年《海牙公约》及1971年《蒙特利尔公约》规定，对于危害民航安全罪行有管辖权的国家包括：(1) 航空器登记国；(2) 当犯罪嫌疑人仍在航空器内时航空器降落地国；(3) 当航空器是不带机组的出租，承租人的营业国或常驻国；(4) 嫌疑人所在国；(5) 嫌疑人国籍国或永久居住国；(6) 犯罪行为发生地国；(7) 罪行后果涉及国，即受害人国籍国或永久居所国、后果涉及领土国、罪行危及其安全的国家；(8) 根据本国法行使管辖权的其他国家。根据上述规定，航空器登记国为乙国，乙国享有管辖权；犯罪嫌疑人为甲国公民，甲国享有管辖权；犯罪行为发生在丙国领空，丙国同样享有管辖权。故A、C项错误，B项正确。

国际刑事法院以战争罪犯作为审判对象，本题中的劫机罪不属于国际刑事法院的管辖范围。故D项错误。

33．危害民航安全罪行的管辖；可引渡罪行；引渡的基本原则[C]

[解析]《东京公约》和《海牙公约》规定，航空器登记国有权对航空器上的犯罪与行为行使管辖权。本题中，劫持虽未发生在甲国领空，但是罪行发生在甲国航空器内，作为航空器登记国(国籍国)对其享有管辖权。故A项错误。

《蒙特利尔公约》的相关规定，危害民航安全的罪行是一种可引渡罪行，各国无强制引渡义务。因为劫持人是乙国人，根据本国人不引渡原则，乙国没有义务将其引渡到甲国。故B项错误。

被请求引渡国若不同意将犯罪人引渡给请求国，则应依照本国法律以严重的刑事案件对该人起诉并严惩(或引渡或起诉原则)。即乙国可不引渡，但应在本国进行刑事审判。故C项正确。

国际刑事法院仅管辖四种严重的国际罪行，即灭绝种族罪、危害人类罪、战争罪和侵略罪，而对上述罪行以外的行为不享有管辖权。据此，危害民航安全的罪行不属于国际刑事法院的管辖范畴。故D项错误。

考点18 外层空间法律制度

34．外层空间责任制度[BCD]

[解析] 根据《责任公约》，损害赔偿应由该物体的发射国承担。这里的发射国包括：发射或促使发射空间物体的国家以及从其领土或设施发射空间物体的国家。本题中，甲国的卫星委托乙国进行发射，而发射又在丙国进行，所以甲、乙、丙三个国家都属于发射国，都应对于该卫星对外国(丁国和戊国)造成的损害承担责任。另根据《责任公约》，发射国的空间物体在地球表面以外的地方，对另一发射国的空间物体造成损害，并因此对第三国的人或物造成损害的，前两国对第三国应负赔偿责任。本题中，该卫星又撞上了丁国的卫星，丁国卫星碎片导致戊国财产和人员受损，所以丁国也应对戊国财产和人员伤亡承担责任。因此，相对于戊国，甲、乙、丙、丁四个国家都与戊国的损害存在关联，都应当承担责任。故A项错误。

对于承担的是绝对责任还是过错责任，其判断的基本规则是：受损物体位于外层空间，责任主体承担过错责任；受损物体位于空气空间或地面，责任主体承担绝对责任。戊国的建筑和人员位于地面，所以甲、乙、丙、丁四国应承担绝对责任，故C项正确。丁国的卫星位于外层空间，所以甲、乙、丙三国应承担过错责任。故D项正确。

《责任公约》不适用于发射国国民、应邀参加发射的外国人和应邀留在发射区或者回收区的外国人。该丁国人受邀现场观看卫星发射，属于不适用《责任公约》的人员。故B项正确。

35．外层空间法[CD]

[解析] 依据外空活动的登记制度,发射国应对其发射的空间物体进行登记,包括将该空间物体载入其所保存的适当内容的国内登记册,同时在切实可行的范围内尽快将有关情报报告联合国秘书长,以便在其保存的总登记册里进行登记。由此可见,发射国应对其发射的空间物体向联合国办理登记,不能以"技术保密"为由而不登记。故A项错误。

根据《责任公约》,发射国对其外空活动承担国际责任,不论这种活动是其政府部门或非政府实体从事。故B项错误。

根据《责任公约》,发射国空间物体对于下面两种人员造成的损害不适用公约:该国的国民;在空间物体从发射至降落的任何阶段内参加操作的或者应发射国的邀请而留在紧接预定发射或回收区的外国公民。故C项正确。

发射国对其空间物体在地球表面造成损害或给飞行中的飞机造成的损害,负有绝对责任。而且,根据《责任公约》,发射或促使发射空间物体的国家以及从其领土或设施发射空间物体的国家均为发射国。因此,本题中甲国和乙国都是发射国。故D项正确。

考点19　国际环保法

36．国际环境法[D]

[解析] 防止气候变化的根本措施是温室气体减排,但减排并非停止排放。故A、B项错误。

根据共同但有区别的责任原则,对发达国家承担具体减排目标有所限制。本题中,甲乙两国作为温室气体的排放大国,都应当承担减排责任。但由于甲国为发达国家,乙国为发展中国家,所以两者在承担义务方面应当根据不同情况有所区别。故C项错误、D项正确。

专题四　国际法上的个人

考点20　国籍的取得

37．《国籍法》[AC]

[解析]《国籍法》第5条规定:"父母双方或一方为中国公民,本人出生在外国,具有中国国籍;但父母双方或一方为中国公民并定居在外国,本人出生时即具有外国国籍的,不具有中国国籍。"故A项正确。

《国籍法》第3条规定:"中华人民共和国不承认中国公民具有双重国籍。"故B项错误。

国籍的取得取决于各国自身的规定,彼得森出生时能否获得甲国国籍当然应由甲国法确定。故C项正确。

如彼得森出生时即具有甲国国籍,根据我国《国籍法》其不能因出生取得中国国籍,但仍然可以通过加入等其他途径获得中国国籍,"终生无法获得"的说法是错误的。故D项错误。

考点21　国籍的丧失

38．国籍的取得与丧失[ABD]

[解析]《国籍法》第12条规定:"国家工作人员和现役军人,不得退出中国国籍。"故A项正确。

《国籍法》第8条规定:"申请加入中国国籍获得批准的,即取得中国国籍;被批准加入中国国籍的,不得再保留外国国籍。"第3条规定:"中华人民共和国不承认中国公民具有双重国籍。"故B项正确。

《国籍法》第4条规定:"父母双方或一方为中国公民,本人出生在中国,具有中国国籍。"第5条规定:"父母双方或一方为中国公民,本人出生在外国,具有中国国籍;但父母双方或一方为中国公民并定居在外国,本人出生时即具有外国国籍的,不具有中国国籍。"李莎的父母一方为中国公民,定居北京,无论李莎出生在中国还是俄罗斯,其都具有中国国籍。故C项错误,D项正确。

39．《国籍法》对国籍的丧失的规定[BD]

[解析]《国籍法》第9条规定:"定居外国的中国公民,自愿加入或取得外国国籍的,即自动丧失中国国籍。"王某定居美国,加入美国国籍后,自动丧失中国国籍,无需办理退籍手续。故A项错误,B、D项正确。

王某加入美国国籍时已经自动丧失了中国国籍,其不具有双重国籍。故C项错误。

考点22　中国人的出入境

40．出境入境的手续;身份证明;不准出境的情形[B]

[解析]《出境入境管理法》第11条第1款规定:"中国公民出境入境,应当向出入境边防检查机关交验本人的护照或者其他旅行证件等出境入境证件,履行规定的手续,经查验准许,方可出入境。"王某是定居美国的中国公民,由于王某还是中国公民,所以回国是回到自己的国家,不需要签证。因此其出境入境无需办理签证。故A项错误。

《出境入境管理法》第14条规定:"定居国外的中国公民在中国境内办理金融、教育、医疗、交通、电信、社会保险、财产登记等事务需要提供身份证明的,可凭本人的护照证明其身份。"因此,王某办理房屋登记可凭其护照证明其身份。故B项正确,C项错误。

《出境入境管理法》第12条规定:"中国公民有下列情形之一的,不准出境:……(三)有未了结的民事案件,人民法院决定不准出境的;……"因此,当其有未了结的民事案件时,只有当法院决定不准出境时,王某才不能出境。故D项错误。

考点 23 外国人的出入境

41．外国人的出境、居留；自然人经常居所地；国籍的取得 [CD]

[解析] 根据我国《出境入境管理法》第 28 条规定，外国人有未了结的民事诉讼，法院作出不准其出境决定的，方能限制其出境。故 A 项错误。

根据我国《涉外民事关系法律适用法解释（一）》第 13 条规定，经常居所地形成要求连续居住 1 年以上且作为其生活中心，但公务、劳务派遣、就医等情形除外。约翰因公务连续居住不形成经常居所地。故 B 项错误。

根据《出境入境管理法》第 41 条规定，外国人在我国境内工作必须有工作类居留证和工作类许可证，约翰因持公务签证入境，没有在中国兼职工作的权利。故 C 项正确。

因约翰的妻子为中国人，且二人的儿子出生在中国，根据我国《国籍法》第 4 条的血统主义原则，孩子出生时即具有中国国籍。故 D 项正确。

42．外国人出入境；外国人的居留 [AC]

[解析]《出境入境管理法》第 25 条第 2 款规定："对不准入境的，出入境边防检查机关可以不说明理由。"故 A 项正确。

《外国人入境出境管理条例》第 22 条规定："持学习类居留证件的外国人需要在校外勤工助学或者实习的，应当经所在学校同意后，向公安机关出入境管理机构申请居留证件加注勤工助学或者实习地点、期限等信息。持学习类居留证件的外国人所持居留证件未加注前款规定信息的，不得在校外勤工助学或者实习。"须经学校同意，且向出入境管理机构申请加注信息。故 B 项错误。

《出境入境管理法》第 39 条第 2 款规定："外国人在旅馆以外的其他住所居住或者住宿的，应当在入住后 24 小时内由本人或者留宿人，向居住地的公安机关办理登记。"故 C 项正确。

《出境入境管理法》第 28 条规定："外国人有下列情形之一的，不准出境：（一）被判处刑罚尚未执行完毕或者属于刑事案件被告人、犯罪嫌疑人的，但是按照中国与外国签订的有关协议，移管被判刑人的除外；（二）有未了结的民事案件，人民法院决定不准出境的；（三）拖欠劳动者的劳动报酬，经国务院有关部门或者省、自治区、直辖市人民政府决定不准出境的；（四）法律、行政法规规定不准出境的其他情形。"故 D 项错误。

43．外国人的出入境管理中签证的签发；不准入境的情形；外国人在境内的停留 [ABD]

[解析]《出境入境管理法》第 21 条第 1 款规定："外国人有下列情形之一的，不予签发签证：（一）被处驱逐出境或者被决定遣送出境，未满不准入境规定年限的；（二）患有严重精神障碍、传染性肺结核病或者有可能对公共卫生造成重大危害的其他传染病的；（三）可能危害中国国家安全和利益、破坏社会公共秩序或者从事其他违法犯罪活动的；（四）在申请签证过程中弄虚作假或者不能保障在中国境内期间所需费用的；（五）不能提交签证机关要求提交的相关材料的；（六）签证机关认为不宜签发签证的其他情形。对不予签发签证的，签证机关可以不说明理由。"如果杰克患有严重精神障碍，属于上述第 1 款第（二）项规定情形，中国签证机关不予签发其签证。故 A 项正确。

《出境入境管理法》第 25 条第 1 款规定："外国人有下列情形之一的，不准入境：……（二）具有本法第二十一条第一款第（一）项至第（四）项规定情形的……"如杰克入境后可能危害中国国家安全和利益，属于上述规定情形，中国出入境边防检查机关可不准许其入境。故 B 项正确。

《出境入境管理法》第 39 条规定："外国人在中国境内旅馆住宿的，旅馆应当按照旅馆业治安管理的有关规定为其办理住宿登记，并向所在地公安机关报送外国人住宿登记信息。外国人在旅馆以外的其他住所居住或者住宿的，应当在入住后 24 小时内由本人或留宿人，向居住地的公安机关办理登记。"C 项登记时间表述为 48 小时之内。故 C 项错误。

《出境入境管理法》第 28 条规定："外国人有下列情形之一的，不准出境：……（二）有未了结的民事案件，人民法院决定不准出境的……"故 D 项正确。

44．外国人的出入境管理；外国人在境内违法行为的处理 [BCD]

[解析] 外国人在中国境内的停留、居留、旅游、工作等事项都由县级以上地方人民政府公安机关及其出入境管理机构负责管理。根据《出境入境管理法》第 44 条规定，若雅力克在其旅游签证有效期内要前往不对外国人开放的地区旅行，必须经当地公安机关批准。故 A 项错误。

本案中，雅力克旅游签证过期还在中国居留，并且其持旅游签证没有在中国工作的权利，雅力克的行为构成非法居留和非法工作，对此，根据《出境入境管理法》第 60 条和第 77 条规定，县级以上公安机关有权审查并依法处罚。故 B、C 项正确。

根据《出境入境管理法》第 27 条规定，边防检查的职责属于出入境边防检查机关，如雅力克持涂改的出境证件出境，中国边防检查机关当然有权阻止其出境。故 D 项正确。

45．《出境入境管理法》中外国人免办签证的情形 [BD]

[解析]《出境入境管理法》第 22 条规定："外国

人有下列情形之一的,可以免办签证:(一)根据中国政府与其他国家政府签订的互免签证协议,属于免办签证人员的;(二)持有效的外国人居留证件的;(三)持联程客票搭乘国际航行的航空器、船舶、列车从中国过境前往第三国或者地区,在中国境内停留不超过24小时且不离开口岸,或者在国务院批准的特定区域内停留不超过规定时限的;(四)国务院规定的可以免办签证的其他情形。"可见,若大卫符合上述情形,可以免办签证,不必提前办理过境签证,故A项错误。根据第(三)项,大卫在北京机场的停留时间不超过24小时且不出机场,可免办中国入境签证。故B项正确,C项错误。

《出境入境管理法》第23条第1款规定:"有下列情形之一的外国人需要临时入境的,应当向出入境边防检查机关申请办理临时入境手续:……(二)本法第二十二条第三项规定的人员需要离开口岸的;……"因此,大卫在北京转机临时离开机场,需申请临时入境。故D项正确。

46．外国人入境出境管理制度[BD]

[解析]《出境入境管理法》第4条第2款规定,中国驻外使馆、领馆或者外交部委托的其他驻外机构(以下称驻外签证机关)负责在境外签发外国人入境签证。因此,彼得入境申请应向驻外签证机关提出,而非公安部门。故A项错误。

对于外国人的入境申请,驻外签证机关可以同意,也有权拒绝,无需说明理由。故B项正确。

《出境入境管理法》第41条第1款规定:"外国人在中国境内工作,应当按照规定取得工作许可和工作类居留证件。任何单位和个人不得聘用未取得工作许可和工作类居留证件的外国人"。因此,彼得持旅游签证不能在中国就业。故C项错误。

《出境入境管理法》第44条第2款规定:"未经批准,外国人不得进入限制外国人进入的区域。"另外第4条规定,县级以上地方人民政府公安机关及其出入境管理机构负责外国人停留居留管理。因此,彼得在其旅游签证有效期内,前往不对外国人开放的地区旅行,必须经当地公安机关批准。故D项正确。

考点24 外交保护

47．外交保护的条件[CD]

[解析]本案哄抢廖某商店的是乙国商人,其行为不能归因于国家,故A项错误。行为能够归因于国家的是乙国警察对哄抢行为的放纵(构成国家机关不作为),对此,乙国应当承担国家责任,故C项正确。

国家行使外交保护应符合三个条件:第一,一国国民权利受到侵害是由于所在国的国家不当行为所致;第二,受害人自受害行为发生起到外交保护结束的期间内,必须持续拥有保护国的国籍;第三,在提出

外交保护之前,受害人必须用尽当地法律规定的一切可以利用的行政和司法救济手段。据此,在廖某用尽乙国当地救济前,甲国无权提起外交保护。故B项错误,D项正确。

考点25 引渡

48．引渡制度[ABC]

[解析]关于可引渡罪行,"政治犯不引渡原则"和"双重犯罪原则"是国际法上普遍接受的一般规则。故A、B、C项正确。

引渡的对象可以是请求国人、被请求国人或第三国人,根据国际法关于引渡的一般规则,各国有权拒绝引渡本国公民,而没有第三国人一定不能引渡的规定。故D项错误。

49．外交保护；引渡制度[BD]

[解析]行使外交保护权的条件之一是本国国民权利受到侵害是由于所在国国家不当行为所致,从本题题干的表述中无法看出王某被殴打至重伤的行为归因于甲国,故不满足外交保护权行使的条件。故A项错误。

因犯罪嫌疑人李某为中国国民,根据本国国民不引渡原则,中国应拒绝甲国的引渡请求。故B项正确。

甲乙两国间无引渡条约,乙国对甲国没有引渡义务。故C项错误。

我国《引渡法》第48条规定:"在紧急情况下,可以在向外国正式提出引渡请求前,通过外交途径或者被请求国同意的其他途径,请求外国对有关人员先行采取强制措施。"故D项正确。

50．引渡[B]

[解析]《引渡法》第10条规定:"请求国的引渡请求应当向中华人民共和国外交部提出。"故A项错误。

《引渡法》第15条规定:"在没有引渡条约的情况下,请求国应当作出互惠的承诺。"故B项正确。

《引渡法》第16条第2款规定:"最高人民法院指定的高级人民法院对请求国提出的引渡请求是否符合本法和引渡条约关于引渡条件等规定进行审查并作出裁定。最高人民法院对高级人民法院作出的裁定进行复核。"乙国的引渡请求应由高级人民法院审查并作出裁定。故C项错误。

实践中,请求国只能就其请求引渡的特定犯罪行为对该被引渡人进行审判或处罚。这也称为"罪名特定原则"。如果以其他罪名进行审判或将被引渡人转给第三国,则一般应经原引渡出国的同意。因此经原引渡出国的同意可以转引。故D项错误。

51．引渡的条件；可以拒绝引渡的情形和应当拒绝引渡的情形[ABCD]

[解析]《引渡法》第7条规定:"外国向中华人

民共和国提出的引渡请求必须同时符合下列条件,才能准予引渡:(一)引渡请求所指的行为,依照中华人民共和国法律和请求国法律均构成犯罪;……"引渡必须符合"双重犯罪原则",甲国引渡请求所指的行为依照中国法律和甲国法律均构成犯罪,是中国准予引渡的条件之一。故A项正确。

《引渡法》第9条第2项规定,由于被请求引渡人的年龄、健康等原因根据人道主义原则不宜引渡的,可以拒绝引渡。由于库克健康原因,根据人道主义原则不宜引渡,中国可以拒绝引渡。故B项正确。

《引渡法》第8条第5项规定,外国向中华人民共和国提出的引渡请求,根据中华人民共和国或者请求国法律,引渡请求所指的犯罪纯属军事犯罪的,中国应当拒绝引渡,C、D两项与法条表述一致。故C、D项正确。

52. 引渡的条件、联系途径;拒绝引渡的情形[AB]

[解析] 引渡一般需要根据有关的引渡条约进行,如没有相关条约,国家没有引渡义务。故A项正确。

《引渡法》第4条第1款:"中华人民共和国和外国之间的引渡,通过外交途径联系。中华人民共和国外交部为指定的进行引渡的联系机关。"故B项正确。

《引渡法》第16条第2款:"最高人民法院指定的高级人民法院对请求国提出的引渡请求是否符合本法和引渡条约关于引渡条件等规定进行审查并作出裁定。最高人民法院对高级人民法院作出的裁定进行复核。"因此,引渡的审查机关是高级人民法院,不是最高人民法院。故C项错误。

根据我国《引渡法》第8、9条规定,刑事诉讼程序对引渡的影响是:(1)在收到引渡请求时,我国司法机关对于引渡请求所指的犯罪已经作出生效判决,或者已经终止刑事诉讼程序的,应当拒绝引渡;(2)我国对引渡请求所指的犯罪具有刑事管辖权,并且对被请求引渡人正在进行刑事诉讼或者准备提起诉讼的,可以拒绝引渡。D项所述情形,中国是"可以"拒绝引渡,而不是"应当"拒绝引渡。故D项错误。

53. 国籍的丧失;引渡的条件[D]

[解析]《国籍法》第9条规定,定居外国的中国公民,自愿加入或取得外国国籍的,即自动丧失中国国籍。第11条规定,申请退出中国国籍获得批准的,即丧失中国国籍。第3条规定,中国不承认中国公民具有双重国籍。本案中,高某虽然加入了甲国国籍,但因为其未在甲国定居,且未申请退出中国国籍,事实上属于双重国籍人。由于我国不承认双重国籍,对于高某的甲国国籍不予认可,因此根据我国法律,高某仍为中国公民。《引渡法》第8条规定,根据中国法律,被请求引渡人具有中国国籍的,应当拒绝引渡。故D项正确,A、B、C项错误。

考点26 庇护

54. 引渡;庇护[AD]

[解析] 在另一国派驻使领馆并非领土主权的取得方式,而仅构成对他国领土主权的限制,因此丙国驻乙国使馆仍然属于乙国领土,只不过领土主权受到丙国的限制。因此,亨利目前位于乙国领土上。根据一般国际法,国家没有义务允许外国人入境,外国人入境要持有有效护照并获得入境签证。亨利持假护照进入乙国,属于非法入境,故A项正确。

域外庇护又称外交庇护,是指给外国人在驻在国的使馆、领馆、军舰甚至商船内以庇护。城外庇护一直未得到国际社会的普遍接受。故B项错误。

引渡是基于属地优越权而享有的一种国家权利,既然丙国驻乙国使馆是乙国领土,丙国就没有所谓的属地优越权,因此就谈不上是否有义务引渡,故C项错误。

既然是在乙国领土上,丙国使馆有义务将亨利交由乙国处理,故D项正确。

55. 国家管辖权;引渡;庇护[B]

[解析] 甲国直接派出军队进入乙国捉拿朗曼是严重侵犯乙国领土主权的国家不法行为,故A项错误。

庇护是国家基于领土主权而引申出的权利,国家通常没有必须给予庇护的义务,因此乙国有权但没有义务给予朗曼庇护。故B项正确,C项错误。

朗曼是甲国军事政变的领导人,属政治犯,根据国际法上的"政治犯不引渡"原则,乙国不应将朗曼引渡给甲国,并且乙国对甲国的司法判决没有遵守义务,故D项错误。

专题五 外交关系法和领事关系法

考点27 使馆的特权与豁免

56. 使馆及外交人员的特权与豁免[D]

[解析] 根据《维也纳外交关系公约》,非经使馆馆长同意,接受国人员在任何情况下都不得进入使馆馆舍。故A项错误。

使领馆享有免税的权利,但免的是房产税等,电费、水费、物业服务费等不在免税之列。故B项错误。

非经接受国许可,使领馆不能装置使用无线电发报机,并非所有无线设备。故C项错误。

汤姆作为外交人员,享有绝对的刑事管辖豁免权,除非为防止或制止犯罪,或者为了正当防卫,汤姆的人身权不得受到侵犯。故D项正确。

57. 使馆馆舍享有的特权与豁免;领馆馆舍享有的特权与豁免[BC]

[解析]《维也纳外交关系公约》规定,使馆馆舍

绝对不得侵犯,具体包括:(1)接受国官员非经使馆馆长许可,不得进入使馆馆舍;(2)接受国负有特殊责任,采取一切适当步骤保护使馆馆舍免受入侵或损害,并防止一切扰乱使馆安宁或有损尊严之事情;(3)使馆馆舍及设备,以及馆舍内其他财产与使馆交通工具免受搜查、征用、扣押或强制执行。使馆馆舍包括使馆的公务区、休息区以及馆长的私人官邸。因此,使馆和大使馆官邸都不得采取强制搬迁措施。故 A 项错误,B 项正确。

根据《维也纳领事关系条约》规定,领馆馆舍的不得侵犯在一定限度内,具体包括:(1)接受国官员未经同意不得进入领馆馆舍专供领馆工作之用的部分,领馆如果遇火灾或其他灾害须迅速采取保护行动时,才推定领馆馆长已表示同意;(2)接受国负有特殊责任,采取一切适当步骤保护领馆馆舍免受侵入或损害;(3)领馆馆舍、设备以及领馆的财产或交通工具应免受为国防或公用目的而实施的任何方式的征用。如确有必要时,应采取一切可能的步骤以免妨碍领馆执行职务,并向派遣国作出迅速充分及有效的补偿。可知,领馆馆舍与使馆馆舍有区别,在确有必要时,可以征用,但应保证领馆执行职务,并作出有效补偿。故 D 项错误,C 项正确。

考点28 外交人员的特权与豁免

58. 外交人员的特权与豁免;外交人员的义务[BD]

[解析] 外交代表不应在接受国内为私人利益从事任何专业或商业活动。故 A 项错误。

外交代表及其他享有特权与豁免的人不得干涉接受国的内政,不得参加或支持旨在反对接受国政府的集会、游行、示威活动。故 B 项正确。

外交人员的特权和管辖可以由其派遣国放弃,外交人员本身没有作出这种放弃的权利。故 C 项错误。

外交人员享有完全的对接受国刑事管辖的豁免,即接受国的司法机关不得对其进行刑事审判和处罚,但是相关人员仍然需要对其从事的违法行为负责。故 D 项正确。

59. 外交关系;外交人员的特权与豁免[D]

[解析] 代办处和大使馆性质上均属于使馆,享有使馆的特权与豁免。故 A 项错误。

随员是办理各种外交事务的最低一级外交人员,汤姆作为随员享有外交人员的刑事管辖豁免权,但相关责任并不能因此而豁免,有关的责任问题将通过外交途径解决。故 B 项错误。

汤姆作为外交人员享有人身不受侵犯的权利,乙国不得因其开枪行为对其采取刑事强制措施。故 C 项错误。

外交人员的特权与豁免可以由派遣国明示放弃,若甲国明示放弃汤姆的外交豁免权,则乙国可以对汤姆实施刑事管辖权及相应的刑事强制措施。故 D 项正确。

60. 外交人员的特权和豁免[B]

[解析]《维也纳外交关系公约》规定,使(领)馆馆长、武官、特别使团、不具有派遣国国籍的人员须经接受国同意方能派遣。故 A 项错误。

外交人员享有完全刑事豁免权,接受国不得对其进行刑事审判和处罚。外交人员包括馆长、武官、参赞、外交秘书和随员,约翰是二秘,属于外交人员,享有完全刑事豁免权。故 B 项正确。

使馆人员包括外交人员、行政技术人员和服务人员。行政技术人员包括译员、工程师、行政主管、会计等。玛丽属于行政技术人员,不是接受国国民且不属于接受国永久居留者,享有外交人员的一般特权与豁免,但有一些限制。故 C 项错误。

若外交人员死亡,其家属继续享有相关特权与豁免,直到其离境或给予离境的合理期间结束时为止。故 D 项错误。

61. 外交人员的豁免权;外交人员的义务;使馆的豁免权和国家管辖权的冲突[C]

[解析] 外交人员的人身绝对不得侵犯,除非为了正当防卫或者是防止或制止犯罪行为的发生,本题不属于例外情况。故 A 项错误。

使馆馆舍不得侵犯,使馆馆舍非经馆长许可,接受国人员不得入内。该使馆休息室供使馆使用,属于使馆范畴,乙国警察无权进入。故 B 项错误。

外交人员完全免除作证义务,不仅没有被迫在法律程序中作为证人出庭作证的义务,而且没有提供证词的义务。故 C 项正确。

国家对于具有其国籍的人具有管辖权,无论他们在其领土范围内还是领土范围外,称为属人管辖权。依据属人管辖原则,本案被害人是丙国人,丙国法院有权进行管辖。故 D 项错误。

考点29 使馆和外交人员的义务

62. 使馆的设置及职务;外交人员的派遣与拒绝[BD]

[解析]《维也纳外交关系公约》规定,在外交关系建立并互设使馆之后,由于某种原因,一国也可以单方面暂时关闭使馆,甚至断绝与另一国的外交关系,并不需要接受国同意。故 A 项错误。

《维也纳外交关系公约》规定,使馆的职务包括调查和报告,即可以一切合法的手段,调查接受国的各种情况,并及时向派遣国作出报告。故 B 项正确。

《维也纳外交关系公约》规定,对于派遣国的使馆馆长和外交人员,接受国可以随时不加解释地宣布其为"不受欢迎的人",所以,丙国宣布艾诺为不受欢迎的人,无须向甲国说明理由。故 C 项错误。

对于被宣布为"不受欢迎的人"的使馆人员,如果在其入境以后被宣告,则派遣国应酌情召回该人员或终止其使馆人员的职务,否则,接受国可以拒绝承认该人员为使馆人员,甚至令其限期离境。故 D 项正确。

考点30 领事关系法

63. 域外庇护;外交和领事特权与豁免[B]

[解析] 在使领馆内的庇护被称为域外庇护,是国际法所不允许的。故 A 项错误。

对于领事邮袋,有重大理由怀疑有违法行为的,可以在相关国家人员在场见证的情况下开拆,如果该国领事馆拒绝开拆,则可以将邮件退回原发送地。故 B 项正确。

接受国有权声明派遣国的某外交人员为不受欢迎的人员,且无需说明理由。故 C 项错误。

接受国人员非经领馆馆长或其指定人员或派遣国使馆馆长同意,不得进入领馆馆舍中专供领馆工作之用部分。如果领馆发生火灾或其他灾害需要救助可以推定馆长同意救助。但是,需要注意,推定同意的前提是领馆馆长没有作出明确的意思表示的情况下。本题中,乙国领事馆长明确反对进入,则甲国消防人员不可进入。故 D 项错误。

64. 《维也纳领事关系公约》中领事国籍的规定[C]

[解析] 无论是外交人员还是领事官员,只要其不具有派遣国国籍均须经接受国明示同意。故 C 项正确,A、B、D 项错误。

65. 领事人身豁免权和管辖豁免;领事的特权[A]

[解析]《维也纳领事关系公约》,除非领事人员犯了严重罪行或为了执行有确定效力之司法判决,一般不得予以逮捕或羁押候审。据此,阮某作为甲国派驻乙国的领事官员,如犯有严重罪行,乙国可将其羁押。故 A 项正确。

领事官员及领馆雇员对其为执行领事职务而实施之行为不受接受国司法或行政机关管辖,但不是绝对豁免,存在例外情况。如(1)因领事官员或领馆雇员并未明示或默示以派遣国代表身份而订立契约所生之诉讼;(2)第三者因车辆船舶或航空器在接受国内所造成之意外事故而要求损害赔偿之诉讼。此外,领事官员主动起诉引起的与本诉直接有关的反诉不享有豁免。阮某不受乙国的司法和行政管辖说法过于绝对。故 B 项错误。

领事人员仅就与职务相关的事项才无作证义务,阮某在乙国免除作证义务的说法过于绝对。故 C 项错误。

领馆人员免纳一切国家、区域或地方性的捐税,但间接税、遗产税不在此列。故 D 项错误。

考点31 特别使团

66. 外交特别使团[BD]

[解析] 根据《维也纳外交关系公约》,特别使团的派遣无须双方存在外交关系,但特别使团在派遣前应当通过外交途径或者其他双方同意或共同接受的途径取得接受国的同意,针对具有接受国或第三国国籍的特别使团代表,接受国可随时撤销同意派遣的决定。故 A 项错误。

特别使团及其成员大体上分别享有《维也纳外交关系公约》中规定的使馆及相应人员的外交特权与豁免,但也有例外:(1)特别使团的房舍不可侵犯,但在遇到火灾或其他严重的灾难而无法获得使团长明确答复的情况下,接受国可以推定获得同意而进入房舍;(2)使团外交人员的司法及行政豁免的例外中,比照使馆外交人员,又增加了有关人员公务以外使用车辆的交通肇事引起的诉讼,接受国可以管辖。故 B 项正确,C 项错误。

特别使团适用接受国对使馆人员的"不受欢迎的人"和"不能接受"的制度。故 D 项正确。

专题六 条约法

考点32 条约的缔结程序和方式

67.《缔结条约程序法》;《联合国国家及其财产管辖豁免公约》[AD]

[解析]《缔结条约程序法》第 6 条第 2 款规定:"下列人员谈判、签署条约、协定,无须出具全权证书:(一)国务院总理、外交部长……"故 A 项正确。

我国已经于 2005 年 9 月 14 日签署了《联合国国家及其财产管辖豁免公约》,但该《公约》目前尚未生效,我国全国人大常委会也还没有批准《公约》,该《公约》对我国还没有拘束力。故 B 项错误。

若条约在我国是经转化适用的,我国应保证转化后的国内法在内容上与条约一致,但可从根本上排除该条约的直接适用,若条约都不能直接适用,就更谈不上优先适用。故 C 项错误。

《缔结条约程序法》第 15 条规定:"经全国人民代表大会常务委员会决定批准或者加入的条约和重要协定,由全国人民代表大会常务委员会公报公布。其他条约、协定的公布办法由国务院规定。"故 D 项正确。

68. 条约缔结程序中的全权证书;条约的签署与批准;多边条约的接受[ACD]

[解析]《缔结条约程序法》第 6 条第 2 款规定:"下列人员谈判、签署条约、协定,无须出具全权证书:

(一)国务院总理、外交部长;……"外交部长参加条约谈判,无须出具全权证书。故 A 项正确。

对某条约作出待核准的签署并不意味着中国同意受条约的约束,只是表明中国表示初步同意缔结该条约,待进一步履行正式核准或批准程序后方表明同意接受该条约的约束。故 B 项错误。

《缔结条约程序法》第 7 条规定:"条约和重要协定的批准由全国人民代表大会常务委员会决定。前款规定的条约和重要协定是指:……(三)有关司法协助、引渡的条约、协定;……批准书由中华人民共和国主席签署,外交部长副署。"故 C 项正确。

《缔结条约程序法》第 12 条规定:"接受多边条约和协定,由国务院决定。经中国代表签署的或者无须签署的载有接受条款的多边条约、协定,由外交部或者国务院有关部门会同外交部审查后,提出建议,报请国务院作出接受的决定。接受书由外交部长签署,具体手续由外交部办理。"故 D 项正确。

69．条约的批准、保留以及在国内的适用[BCD]

[解析] 批准有国内法和国际法上的两种含义。国内法上的批准是一国权力机关依据该国国内法对条约的认可;国际法上的批准是指一国同意受条约的拘束,一般通过交换或交存批准书来完成。一般来说,只有重要条约才须经批准,而是否批准及何时批准一项条约,由各国自行决定。签署和批准条约均为国家权利而非国家义务,国家没有必要批准其所签署的条约的义务。故 A 项错误。

《缔结条约程序法》第 7 条第 1、2 款:"条约和重要协定的批准由全国人民代表大会常务委员会决定。前款规定的条约和重要协定是指:……(三)有关司法协助、引渡的条约、协定;……"因此,本题中民商事司法协助多边条约属于上述司法协助的条约、协定,须由全国人大常委会决定批准。故 B 项正确。

《维也纳条约法公约》的规定,下列情况下不得提出保留:(1)条约规定禁止保留;(2)条约准许特定的保留,而有关保留不在条约准许的保留范围内;(3)保留与条约的目的和宗旨不符。故 C 项正确。

民商事条约原则上在中国具有直接并优先适用的效力,但知识产权条约中应当转化或已经转化的除外。本题为"民商事司法协助多边条约",不属于知识产权条约,因此在我国可以直接适用,但中国声明保留的条款除外,故 D 项正确。

考点 33 条约的保留

70．条约的保留[CD]

[解析] 根据国际法关于条约保留的规定,在提出保留国和接受保留国之间,适用保留后或者修改后的条款。本题中,甲国提出保留,乙国接受,所以在甲、乙两国之间适用甲国的保留意见,其纠纷不应由国际法院管辖。故 A 项错误。

根据国际法相关规则的规定,国家可以对条约保留提出是否接受的意见,也可以对其他方面提出反对意见。故 B 项错误。

根据国际法关于条约保留的规定,在提出保留国和反对保留国(该国不反对条约的生效)之间,该保留涉及的条款视为不存在。本题中,甲国提出保留,丁国反对该保留但不反对条约其余条款,所以该保留涉及的条款在甲国和丁国之间视为不存在,其余条款有效。故 C 项正确。

根据国际法关于条约保留的规定,在反对保留国和接受保留国之间适用原先条约的规定,即不适用甲国的保留,对条约纠纷应由国际法院管辖。故 D 项正确。

71．条约的冲突;条约的保留[BCD]

[解析] 先后就同一事项签订的两个条约的当事国部分相同、部分不同时,在同为两条约当事国之间,适用后约优于先约的原则。在同为两条约当事国与仅为其中一条约的当事国之间,适用两国均为当事国的条约。因此,虽然乙丙丁三国签订了新公约,但是甲并非该公约的当事国,甲乙丙三国原公约并未失效,只有在先后就同一事项签订的两个条约的当事国完全相同时,一般才适用后约代替前约的原则,即适用后约,前约失效。因此,乙丙两国之间应适用新公约,甲乙两国之间应适用保留修改后的原公约。故 A 项错误,B 项正确。

甲乙两国之间仅为前约的当事国,只能适用前约。对甲国的保留,乙国表示同意,应按照保留范围改变相应条约条款,因此甲乙两国之间应适用保留修改后的原公约。故 C 项正确。

在保留国与反对保留国之间,若反对保留国并不反对该条约在保留国与反对保留国之间生效,则保留所涉及的规定,在保留范围内,不在该两国之间适用。但条约中保留未涉及的规定适用于保留和反对保留国之间。故 D 项正确。

72．条约的加入和保留[D]

[解析] 条约的保留是指一国在签署、批准、接受、赞同或加入一个条约时所作的单方声明,其目的在于排除或更改条约中某些规定对该国的法律效果。对于开放性条约的保留,其他缔约国可以作出同意或反对的表示,没有必须接受的义务。故 A 项错误。

保留的提出只能是在条约对保留国生效之前提出,与条约本身是否已生效无关。故 B、C 项错误。

条约的加入是指未对条约进行签署的国家表示同意受条约的拘束成为条约当事方的一种方式。加入一般没有期限限制,可以在条约生效之前或生效之后进行。故 D 项正确。

三国法 [答案详解] · 13 ·

考点34　条约的登记和生效

73．国际法上的承认与继承；条约的生效；安理会表决制度[A]

[解析] 国际法中并没有对承认的形式作出明确规定，国际实践中有明示和默示两种：(1)明示承认形式，是指承认者以明白的语言文字直接表达承认的意思。包括通过正式通知、函电、照会、声明等单方面表述，也包括在缔结的条约或其他正式国际文件中进行明确表述。(2)默示承认形式，是指承认者不是通过明白的语言文字，而是通过与承认对象有关的行为表现出承认的意思。主要包括：与承认对象建立正式外交关系；与承认对象缔结正式的政治性条约；正式接受领事或正式投票支持参加政府间国际组织的行为一般也被认为是一种默示承认。乙国在联合国大会投赞成票支持"西甲"入联，就是正式投票支持其参加政府间国际组织的行为，是一种默示的承认。故A项正确。

条约继承的实质是在领土发生变更时，被继承国的条约对于继承国是否继续有效的问题。一般来说，与领土有关的"非人身性条约"，如有关领土边界、河流交通、水利灌溉等条约，属于继承的范围；而与国际法主体人格有关的所谓"人身性条约"以及政治性条约，如和平友好、同盟互助、共同防御等条约，一般不予继承。甲国与乙国签订的划界条约属于与领土有关的"非人身性条约"，应当由继承国"西甲"继承。因此，"西甲"认为甲国与乙国的划界条约对其不产生效力，是不正确的。故B项错误。

联合国会员国缔结的条约应当在联合国秘书处登记，否则联合国机构不得援引，但未登记条约本身的法律效力并不受影响。故C项错误。

《联合国宪章》规定，安理会表决采取每一理事国一票的方法。对于程序性事项决议的表决9个同意票即可通过。对于非程序性事项或称实质性事项的决议表决，要求包括全体常任理事国在内的9个同意票，此又称为"大国一致原则"，即任何一个常任理事国都享有否决权。实践中，常任理事国的弃权或缺席不被视为否决，不影响决议的通过。安理会在向大会推荐接纳新会员国或秘书长人选、建议中止会员国权利和开除会员国等问题上，也适用非程序性事项表决程序，因此"西甲"入联应采取"大国一致原则"，即需要有包括全体常任理事国在内的9个同意票。但并非9个理事国同意后，"西甲"即可成为联合国的会员国。故D项错误。

74．全权证书；条约的作准文字以及条约的登记[A]

[解析]《缔结条约程序法》第6条第2款规定："下列人员谈判、签署条约、协定，无须出具全权证书：……(二)谈判、签署与驻在国缔结条约、协定的中华人民共和国驻该国使馆馆长，但是各方另有约定的除外……"使馆馆长具体包括大使、公使和代办。故A项正确，B项错误。

《缔结条约程序法》第13条第1款规定，中国同外国缔结的双边条约、协定，以中文和缔约另一方的官方文字写成，两种文本同等作准；必要时，可以使用第三国文字文本作为作准文本或参考文本。故C项错误。

《缔结条约程序法》第17条第1款规定："中华人民共和国缔结的条约和协定由外交部按照联合国宪章的有关规定向联合国秘书处登记。"故D项错误。

考点35　条约的终止

75．条约的终止[BC]

[解析]《维也纳条约法公约》第60条规定，因一方违约，缔约他方有权一致同意，在这些当事方与违约方的关系上，或在全体条约当事国之间，全部或部分停止实行或终止该约。但条约当事国一方的违约必须是重大的违约。本题中，乙国未按时维修航道标志的行为不属于重大违约，所以甲国不能终止条约。故A项错误。而甲国的行为属于重大违约行为，所以乙丙丁三国可以一致同意终止该条约或终止甲国与三国间的条约关系。故B、C项正确。甲、乙两国都有违约行为，但程度不同，甲国是根本违约，乙国是一般违约行为，因此，承担的国家责任是不同等的。故D项错误。

专题七　国际争端的和平解决

考点36　国际争端的解决方式

76．斡旋；谈判；平时封锁[A]

[解析] 丙国邀请甲、乙两国到丙国谈判，属于斡旋，是争端以外的第三方为促成当事国进行谈判或争端解决，采取和提供某些协助活动。第三国本身不参加谈判，也不提出任何解决争端的方案。因此，丙国元首不可以参与谈判。故B、C项错误。

谈判是争端解决的最基本方式，形式多样，可以公开也可以秘密，可以口头也可以书面。斡旋行为对当事国没有约束力，丙国的邀请对甲、乙两国的谈判行为没有影响。故A项正确。

D项中甲国的行为构成平时封锁。平时封锁是指和平时期一国的海军对另一国的海岸进行封锁，禁止有关船只的出入。平时封锁只能由安理会决定，是维持或恢复国际和平与安全所必要时采取的一种措施，而不能是一种国家解决争端采用的合法方式。D项行为未经安理会同意，构成对乙国主权的侵犯，故D项错误。

· 14 ·

77．国际争端的解决方式中的武装干涉、调停；国际法院[BC]

[解析] 和平解决国际争端的方法,分为政治解决方法和法律解决方法。政治解决方法包括谈判、协商、斡旋、调停、调查、和解等；法律方法包括仲裁和法院解决。故B项正确。以干涉内政的方式解决国际争端是现代国际法禁止的。故A项错误。

国际法院管辖案件可以通过三种方式建立：(1)自愿管辖：即对任何争端，当事国达成协议，提交国际法院管辖；(2)协定管辖：依据条约或协定而提交国际法院管辖；(3)任择强制管辖：《国际法院规约》当事国通过发表声明，就特定事项接受国际法院强制管辖而不需要另有协议或条约规定。因此,国际法院可以根据争端双方的协议行使管辖权。故C项正确。

国际法院享有咨询管辖权,可就国际争端解决发表法律咨询意见。虽咨询意见没有法律拘束力,但具有一定的影响力。故D项错误。

考点37 国际法院

78．国际法院的法官[CD]

[解析] 国际法院的法官在联合国大会和安全理事会中分别进行独立选举,只有在这两个机关同时获得绝对多数票方可当选,故A项错误。

安理会常任理事国对于国际法院法官的选举没有否决权,故B项错误。

国际法院的法官对涉及其国籍国的案件不适用回避制度,除非其就任法官前曾参与该案件,故C项正确。

在国际法院受理案件中,如果一个当事国有本国籍的法官,他方当事国也可以选派一人作为"专案法官",参加本案的审理。这种临时的专案法官在案件审理中与正式法官具有完全平等的权利。故D项正确。

79．国际法院[B]

[解析] 国际法院法官的候选人应交联合国大会和安理会分别选举,候选人只有在联合国大会和安理会同时获得绝对多数赞成票才能当选。安理会投票时,常任理事国不享有一票否决权。故A项错误。

国际法院具有诉讼管辖和咨询管辖两种职权,其中诉讼管辖是最主要的职权。故B项正确。

可以请求国际法院咨询管辖的主体是联合国大会和安理会等,以及获得联合国大会授权的联合国其他机关或专门机构。国家、个人和联合国秘书长无权请求国际法院就任何法律问题进行咨询。故C项错误。

国际法院的判决是终局性的。判决一经作出,即对本案当事国产生拘束力,当事国必须履行。故D项错误。

80．国际法院法官的选举；回避制度；法官咨询管辖权；国际判决的效力；国际法渊源[A]

[解析] 国际法院的法官由联合国大会和安理会分别选举,均获得绝对多数赞成票才能当选,安理会常任理事国对国际法院法官的选举不具有一票否决权。故A项正确。

国际法院法官对涉及其国籍国的案件,不适用回避制度,除非其就任法官前曾参与该案件。故B项错误。

国际法院判决对案件当事国具有法律拘束力,但不构成国际法的渊源,国际法的渊源包括国际条约、国际习惯和一般法律原则。故C项错误。

国际法院作出的咨询意见没有法律拘束力。故D项错误。

81．国际法院判决的效力和执行[C]

[解析]《联合国宪章》和《国际法院规约》规定,国际法院的判决具有终局性,判决一经作出,即对本案及本案当事国产生拘束力,当事国必须履行,如一方拒不履行判决,他方得向联合国安理会提出申诉,请求由安理会作出建议或决定采取措施执行判决。故C项正确,A、B、D项错误。

82．国际法院的管辖权；联合国机构[D]

[解析] 联合国作为国际法主体,除能独立参与国际关系,也拥有类似于国家所具备的其他权利能力和行为能力,比如能以自己的名义对外进行民事行为。本题中该机构的购买行为并不违反国际法的原则和《联合国宪章》,是有效行为。故A项错误。

国际组织是派生的国际法主体,其权利能力和行为能力是由成员国通过作为国际组织章程的国际协定赋予和限定的。国际组织一旦成立即可独立的享有权利与承担义务。因此以联合国名义进行的行为,应以联合国名义承担国际义务,不应视为其会员国的行为。故B项错误。

国际法院诉讼管辖权的主体只能是国家,国际组织、法人、个人均不能成为国际法院的诉讼当事者。故C项错误。

根据《联合国宪章》和《国际法院规约》的规定,联合国大会及大会临时委员会、安理会、经社理事会、托管理事会,要求复核行政法庭所判决的申请委员会以及经大会授权的联合国专门机构或其他机构,可以就执行其职务中的任何法律问题请求国际法院发表咨询意见。故D项正确。

考点38 国际海洋法法庭

83．《联合国海洋法公约》的争端解决机制；国际海洋法法庭[AB]

[解析] 根据《联合国海洋法公约》,如采用自行选择的和平方法解决争端失败,经任何一方请求,应

提交以下导致有拘束力裁判的强制程序解决。有四个处于平等并列地位的机构可供当事方选择,分别是国际海洋法法庭、国际法院、依附件七组成的仲裁法庭和依附件八组成的特别仲裁法庭。其中,如果双方就选择的机构达成合意,由合意机构解决争端;如果双方无法达成一致,由依附件七组成的仲裁法庭审理。本题中,甲、乙两国不能就争端解决达成一致,经甲国申请进入了强制程序。由于甲、乙两国所选择的机构不同,则应由附件七组成的仲裁法庭解决,故A项正确。若乙国也同意选择国际法院解决争端,则由合意机构即国际法院解决争端,故B项正确。

国际海洋法法庭采取任择强制管辖权,只有争端各方都选择由国际海洋法法庭管辖,法庭才有管辖权。故C项错误。

依据《联合国宪章》,非联合国会员国之国家如为任何争端之当事国时,经预先声明就该争端而言接受本宪章所规定和平解决之义务后,得将该项争端,提请大会或安全理事会注意。故D项错误。

84. 国际海洋法法庭的管辖权[B]

[解析]《联合国海洋法公约》规定,对于海洋划界、领土争端、军事活动、涉及历史性海湾所有权的争端以及安理会正在行使管辖权的争端,缔约国可以通过书面声明排除强制程序的适用。故A项错误。

《联合国海洋法公约》规定,一国在签署、批准或加入本公约时,或在其后任何时间,可以自由以书面声明方式选择海洋法法庭的管辖。只有争议各方都选择海洋法法庭程序,法庭才有管辖权。本题中,仅丙国在加入公约时书面选择了国际海洋法法庭的管辖,乙国采用口头形式不符合规定,甲国声明排除,则国际海洋法法庭对该争端没有管辖权。故B项正确,C项错误。

国际海洋法法庭的设立不排除国际法院对争端的管辖,争端当事国可以自愿将争端交由哪个机构审理。故D项错误。

85. 国际海洋法法庭的管辖权;国际争端的解决;调停[AC]

[解析] 国际海洋法法庭是根据《联合国海洋法公约》设立的,它是海洋活动领域的全球性国际司法机构。海洋法法庭的设立,不排除国际法院对海洋活动争端的管辖,争端当事国可以自愿将海洋争端交由哪个机构来审理。故A项正确。

关于法庭管辖权的任择强制管辖性质,《联合国海洋法公约》规定,一国在签署、批准或加入本公约时,或在其后任何时间,可以自由用书面方式选择海洋法法庭的管辖。只有争端各方都选择了法庭程序,法庭才有管辖权。所以,海洋法法庭不能因甲国单方选择管辖的声明而对该争具有管辖权。故B项错误。

根据《联合国海洋法公约》第280条规定:"用争端各方选择的任何和平方法解决争端。本公约的任何规定均不损害任何缔约国于任何时候协议用自行选择的任何和平方法解决它们之间有关本公约的解释或适用的争端的权利。"除非特别约定,一般地,谈判或协商的当事国没有达成有拘束力的协议的义务。故C项正确。

调停是指第三方以调停人的身份,就争端的解决提出方案,并直接参加或主持谈判,以协助争端解决。调停国提出的方案本身没有拘束力,调停国对于进行调停或调停成败也不承担任何法律义务或后果。故D项错误。

86. 国际法院的诉讼管辖(对人管辖和对事管辖)的条件;国家争端的政治解决方式[C]

[解析] 国际法院管辖权以争端双方的同意为条件,选项A符合国际法,C不符合国际法。

国际争端除了采用法院解决方式,还可以采用协商等政治性解决途径,选项D符合国际法。

国际海洋法庭的建立不排除国际法院对海洋活动争端的管辖,争端当事国可以自愿选择将海洋争端提交国际海洋法法庭或国际法院。选项B符合国际法。

专题八 战争与武装冲突法

考点39 战争开始的法律后果

87. 战争开始的法律后果;战时中立[C]

[解析] 战争开始后,两国间的外交和领事关系一般自动断绝,交战国关闭其在敌国的使、领馆,但接受国有义务尊重馆舍的财产和档案安全。对于使馆的财产和档案,不得没收。故A项错误。

战争开始后,虽然外交和领事关系断绝,但使、领馆人员的外交特权与豁免不立即随之消灭,在其离境前的合理期限内,仍享有外交特权与豁免。故B项错误。

战俘应保有其被俘时所享有的民事权利。战俘的个人财物,除军事装备和军事文件外,一律归其个人所有;战俘的金钱和贵重物品可由拘留国保存,但不得没收。故C项正确。

丙国属于战时中立国,有防止交战双方利用自身领土进行战争行为的义务,包括在该区域中征兵、备战、建立军事设施或捕获法庭、军队及军用装备过境等。故D项错误。

88. 战争开始的法律后果;斡旋与调停[B]

[解析] 两国宣战后,一国可以没收敌国位于本国境内的财产,但使馆的财产和档案除外。故A项错误。

· 16 ·

B项考查斡旋和调停的区别:斡旋是第三方不参与谈判;调停是第三方要参与谈判。本题中丙国参与了谈判,显然是调停。故B项正确。

两国宣战后,虽然交战国之间的经贸(包括民间)往来禁止,但是已经履行的契约或者已经结算的债务并不废除。因此,甲国A公司与乙国B公司已经签订的商业合同仍然有效。故C项错误。

调停中,第三方对调停的最终结果不承担法律责任。故D项错误。【思路拓展】简单理解,调停是做好事,当然不能让做好事的一方承担不利后果。

89．对敌产和敌国公民的处理[AD]

[解析] 本题题干表述为"甲乙两国由于边界纠纷引发武装冲突,进而彼此宣布对方为敌国",双方并未向对方宣战,因此可以判断本案甲乙两国属于武装冲突关系而非战争关系。

如果甲乙两国构成战争关系,根据战争法规则,交战国对于其境内的敌国国家财产,除属于使馆的财产档案等以外,是可以没收的。但甲乙两国并不构成战争关系,因此不产生没收对方国家财产的权力。故A项正确。

即使甲乙两国构成战争关系,根据战争法规则,战争期间对敌国私产的处置规则是:可征用或限制使用,但不得剥夺其所有权,即不可没收,况且本题还不属于战争关系,仅为武装冲突关系。故B、C项错误。

无论甲乙两国是战争关系还是武装冲突关系,一方均可对其境内的敌国公民可实行包括进行敌侨登记在内的各种限制。但是要给予其人道主义的对待。故D项正确。

考点40 战时中立

90．战争开始后的条约关系;战争对交战国财产的影响以及战时中立国的义务[D]

[解析] 根据战争法规则,战争一旦开始,除非另有约定,交战国之间一般政治和经济条约停止效力(亦可称为暂停执行),选项A符合国际法,不当选。

一旦战争开始,交战国对于其境内的敌国人民的财产可予以限制,但不得没收,选项B符合国际法,不当选。

战时中立国的基本义务是不作为、防止和容忍,选项C属于中立国的权利,符合国际法,不当选。

战时中立国的基本义务是不作为、防止和容忍,"不作为"要求中立国不得直接或间接参与战争,包括为交战国提供资金或武器支持等,选项D违反了中立国的不作为和防止义务,不符合国际法,当选。

考点41 保护战时平民和战争受难者

91．战俘待遇[AC]

[解析] 根据《日内瓦第三公约》,战俘自其被俘起至其丧失战俘身份前应享受规定的合法待遇和相关权利。其中主要包括:(1)交战方应将战俘拘留所设在比较安全的地带。故D项错误。(2)不得将战俘扣为人质,禁止对战俘施以暴行或恫吓或公众好奇的烦扰;不得对战俘实行报复,进行人身残害或肢体残伤,或供任何医学或科学实验;不得侮辱战俘的人格和尊严。故C项正确。(3)战俘应保有其被俘时所享有的民事权利。故A项正确。(4)对战俘的衣、食、住要能维持其健康水平,不得以生活上的苛求作为处罚措施;保障战俘的医疗和医药卫生。(5)尊重战俘的风俗习惯和宗教信仰,允许他们从事宗教、文化和体育活动。(6)准许战俘与其家庭通讯和收寄邮件。(7)战俘享有司法保障,受审时享有辩护权,还享有上诉权。拘留国对战俘的刑罚不得超过对其本国武装部队人员同样行为所规定的刑罚。禁止因个人行为而对战俘实行集体处罚、体刑和酷刑。对战俘判处死刑应特别慎重。(8)讯问战俘应使用其了解的语言。(9)不得歧视。(10)战事停止后,战俘应即予以释放并遣返,不得迟延。故B项错误。

国际私法 [答案详解]

专题九 国际私法概述

考点 42 国际私法的渊源和调整对象

92．国际私法的调整对象[A]

[解析]《涉外民事关系法律适用法解释（一）》第 1 条规定："民事关系具有下列情形之一的，人民法院可以认定为涉外民事关系：（一）当事人一方或双方是外国公民、外国法人或者其他组织、无国籍人；（二）当事人一方或双方的经常居所地在中华人民共和国领域外；（三）标的物在中华人民共和国领域外；（四）产生、变更或者消灭民事关系的法律事实发生在中华人民共和国领域外；（五）可以认定为涉外民事关系的其他情形。"汤姆的国籍和张某波的经常居所地均具有涉外因素，合伙又是典型的民事关系。故 A 项正确，D 项错误。张某波和李某之间的民事关系中，张某波的经常居所地涉外；张某波和李某签订合同的地点也涉外，所以其买卖合同应该被判定为涉外民事关系。故 B 项错误。

张某波的经常居所地在英国的事实仅能够证明"涉外性"，还要考虑该关系是否属于民事关系。本题中，市场监督管理部门扣押及返还相关物品不属于民事关系的范畴。故 C 项错误。

专题十 国际私法的主体

考点 43 自然人经常居所地的确定

93．自然人经常居所地的认定[D]

[解析]《涉外民事关系法律适用法解释（一）》第 13 条规定："自然人在涉外民事关系产生或者变更、终止时已经连续居住一年以上且作为其生活中心的地方，人民法院可以认定为涉外民事关系法律适用法规定的自然人的经常居所地，但就医、劳务派遣、公务等情形除外。"本题中，张某居住在深圳，2008 年 3 月被深圳某公司劳务派遣到马来西亚工作，在马来西亚系劳务派遣；2010 年 6 月受雇于香港某公司，每周一到周五在香港上班，在香港系公务；2012 年 1 月张某离职到北京治病，在北京系就医，均属于经常居住地变更的除外情形。故张某的经常居住地自 2008 年 3 月以来从未变更过，一直在深圳。故 D 项正确，A、B、C 项错误。

专题十一 冲突规范和准据法

考点 44 冲突规范

94．冲突规范的类型[D]

[解析] 根据冲突规范对应适用的法律的规定的不同，可将冲突规范划分为不同类型。

（1）单边冲突规范，是指直接规定某些涉外民事关系只适用内国法或只适用外国法的冲突规范。（2）双边冲突规范，是指必须将系属中连结点和案情结合才能确定准据法的冲突规范。（3）重叠适用的冲突规范，是指系属具有两个或者两个以上，并且同时适用于某种民商事法律关系的冲突规范。（4）选择适用的冲突规范，是指有两个或两个以上系属但只需选择其中之一适用即能确定准据法的冲突规范。又进一步分为：①无条件选择适用的冲突规范，是指在这个规范中，各系属所提供的可供选择的法律具有同等价值，并无主次轻重之分。②有条件选择适用的冲突规范，要求法院在处理争议时，在准据法的选择上有优先顺序。

本题中冲突规范有两个以上的连结点并且要求选择适用，属于选择适用的冲突规范。故 A、B 项错误。多个连结点要求按照顺序选择，属于有条件选择适用的冲突规范。故 C 项错误，D 项正确。

考点 45 准据法的确定

95．涉外民事关系的法律适用[B]

[解析]《涉外民事关系法律适用法》第 6 条规定："涉外民事关系适用外国法律，该国不同区域实施不同法律的，适用与该涉外民事关系有最密切联系区域的法律。"故 B 项正确，A、C、D 项错误。

96．冲突规范；准据法[A]

[解析] 冲突规范，是一种法律适用规范或法律选择规范，其功能在于指明某种国际民商事法律关系应适用何种法律的规范。冲突规范不同于实体规范，实体规范是明确规定当事人权利义务的规范。故 A 项错误。

属人法，是冲突规范的系属公式之一，是以当事人的国籍、住所或惯常居所作为连结点的系属，包括本国法和住所地法。故 B、C 项正确。

准据法，是指经冲突规范援引具体确定民商事法律关系当事人权利与义务的特定的实体法律。故 D 项正确。

· 18 ·

专题十二 适用冲突规范的制度

考点46 定性（识别）

97．定性（识别）[B]

[解析] 判断妻子对其丈夫财产的权利是基于夫妻财产关系的权利还是妻子对丈夫的继承权利，属于对案件性质问题的认定过程，而对案件性质的认定称为识别。故B项正确，A、C、D项错误。

考点47 反致

98．我国关于反致的规定[B]

[解析] 根据《涉外民事关系法律适用法》第9条规定，我国司法实践禁止转致，即指向适用的外国法只包括外国的实体法，不包括外国的法律适用法。所以，在本案中，我国法院应直接适用新西兰实体法。故B项正确，A、C、D项错误。

99．反致的类型[B]

[解析] 对于反致，主要应掌握以下几种结构：(1)直接反致：甲国法律→乙国法律→甲国法律。(2)转致：甲国法律→乙国法律→丙国法律。(3)间接反致：甲国法律→乙国法律→丙国法律→甲国法律。(4)包含直接反致的转致：甲国法律→乙国法律→丙国法律→乙国法律。本案丙国法院先后适用过丙国、甲国、乙国冲突规范，最终确定适用丙国准据法判案，属于典型的间接反致。故B项正确，A、C、D项错误。

考点48 外国法的查明

100．外国法律的查明的义务机关；查明的方式以及无法查明的处理[B]

[解析] 《涉外民事关系法律适用法》第10条第1款规定："涉外民事关系适用的外国法律，由人民法院、仲裁机构或者行政机关查明……"所以行政机关是有查明义务的。故A项错误。

《涉外民事关系法律适用法解释（一）》第16条规定："人民法院应当听取各方当事人对应当适用的外国法律的内容及其理解与适用的意见，当事人对该外国法律的内容及其理解与适用均无异议的，人民法院可以予以确认；当事人有异议的，由人民法院审查认定。"故B项正确。

《涉外民事关系法律适用法解释（一）》第15条第1款规定："人民法院通过由当事人提供、已对中华人民共和国生效的国际条约规定的途径、中外法律专家提供等合理途径仍不能获得外国法律的，可以认定为不能查明外国法律。"仅仅无法通过中外法律专家提供的方式获得外国法律，法院不能认定为不能查明。故C项错误。

《涉外民事关系法律适用法》第10条第2款规定："不能查明外国法律或者该国法律没有规定的，适用中华人民共和国法律。"故D项错误。

101．外国法的查明[C]

[解析]《涉外民事关系法律适用法》第10条规定："涉外民事关系适用的外国法律，由人民法院、仲裁机构或者行政机关查明。当事人选择适用外国法律的，应当提供该国法律。不能查明外国法律或者该国法律没有规定的，适用中华人民共和国法律。"当事人自行选择的适用法，应由当事人自己提供，法院没有协助查明的义务。故A项错误。不能查明外国法律或者该国法律没有规定的，适用中华人民共和国法律，而不是驳回诉讼请求。故C项正确，D项错误。

《涉外民事关系法律适用法》第9条规定："涉外民事关系适用的外国法律，不包括该国的法律适用法。"因此，适用的甲国法只能是准据法，准据法是实体法，不包括该国的法律适用法。故B项错误。

102．我国关于外国法查明的规定[B(原答案为C)]

[解析]《涉外民事关系法律适用法》第10条第1款规定："涉外民事关系适用的外国法律，由人民法院、仲裁机构或者行政机关查明。当事人选择适用外国法律的，应当提供该国法律。"《海商法》第273条规定："船舶碰撞的损害赔偿，适用侵权行为地法律。船舶在公海上发生碰撞的损害赔偿，适用受理案件的法院所在地法律。同一国籍的船舶，不论碰撞发生于何地，碰撞船舶之间的损害赔偿适用船旗国法律。"可见在船舶碰撞侵权关系的法律适用中，没有给当事人意思自治的权利，因此本案庭审过程中当事人双方援引乙国法律并不构成有效的意思自治，当事人不承担查明外国法的义务。本案属于不同船旗的船舶碰撞于乙国领海，应适用侵权行为地的乙国法，但乙国法的适用并非当事人意思自治的结果，应由法院查明。故B项正确，A、C、D项错误。

考点49 法律规避

103．我国法律关于合同法律适用问题上的法律规避的规定[BD]

[解析]《涉外民事关系法律适用法解释（一）》第9条规定："一方当事人故意制造涉外民事关系的连结点，规避中华人民共和国法律、行政法规的强制性规定的，人民法院应认定为不发生适用外国法律的效力。"规避中国法律强制性规定的效力：诉讼继续进行，但应适用中国法律，排除当事人选择的法律。故A、C项错误，B、D项正确。

考点50 公共秩序保留与直接适用的法

104．合同的法律适用；诉讼时效的法律适用；公共秩序保留[AD]

[解析]《涉外民事关系法律适用法》第41条规

定:"当事人可以协议选择合同适用的法律。当事人没有选择的,适用履行义务最能体现该合同特征的一方当事人经常居所地法律或者其他与该合同有最密切联系的法律。"故 A 项正确。

《涉外民事关系法律适用法解释(一)》第 6 条第 1 款规定:"当事人在一审法庭辩论终结前协议选择或者变更选择适用的法律的,人民法院应予准许。"故 B 项错误,不是"一审开庭前"而是"一审法庭辩论终结前"。

《涉外民事关系法律适用法》第 7 条规定,诉讼时效的准据法与基础法律关系的准据法一致,而非必须适用法院地去确定。故 C 项错误。

根据《涉外民事关系法律适用法解释(一)》第 8 条的规定,环境安全问题是强制保留事项,应直接适用中国法。故 D 项正确。

105.外国法的查明;适用中国法的范围;适用外国法的范围[AB]

[解析]《涉外民事关系法律适用法》第 10 条规定:"涉外民事关系适用的外国法律,由人民法院、仲裁机构或者行政机关查明。当事人选择适用外国法律的,应当提供该国法律。不能查明外国法律或者该国法律没有规定的,适用中华人民共和国法律。"故 A 项正确。

《涉外民事关系法律适用法》第 4 条规定:"中华人民共和国法律对涉外民事关系有强制性规定的,直接适用该强制性规定。"故 B 项正确。

《涉外民事关系法律适用法》第 5 条规定:"外国法律的适用将损害中华人民共和国社会公共利益的,适用中华人民共和国法律。"故 C 项错误。

《涉外民事关系法律适用法》第 9 条规定:"涉外民事关系适用的外国法律,不包括该国的法律适用法。"故 D 项错误。

106.公共秩序保留制度中我国法律的强制性规定;我国对于转致和反致的规定[C]

[解析]《涉外民事关系法律适用法解释(一)》第 8 条规定:"有下列情形之一,涉及中华人民共和国社会公共利益、当事人不能通过约定排除适用、无需通过冲突规范指引而直接适用于涉外民事关系的法律、行政法规的规定,人民法院应当认定为涉外民事关系法律适用法第四条规定的强制性规定:(一)涉及劳动者权益保护的;(二)涉及食品或公共卫生安全的;(三)涉及环境安全的;(四)涉及外汇管制等金融安全的;(五)涉及反垄断、反倾销的;(六)应当认定为强制性规定的其他情形。"食品安全问题和外汇管制问题属强制规定,不能约定排除,只能适用中国法。故 A、B 项正确。

根据上述规定,应直接适用的法律涉及劳动法、食品安全法、环境保护法、反垄断法、外汇管制法等,并不限于民事实体法。故 C 项错误。

我国不承认反致,根据《涉外民事关系法律适用法》第 9 条,法院在确定应当适用的法律时,无需再通过冲突规范的指引,而是直接适用该国的实体法。故 D 项正确。

专题十三 国际民商事关系的法律适用

考点 51　意思自治原则在法律适用中的运用

107.涉外合同纠纷的法律适用[AC]

[解析] 我国法律禁止反致,《涉外民事关系法律适用法》第 9 条规定:"涉外民事关系适用的外国法律,不包括该国的法律适用法。"另外,诉讼程序法属于公法范畴,应适用法院地法即中国法。故 A 项正确。

《涉外民事关系法律适用法》第 6 条规定:"涉外民事关系适用外国法律,该国不同区域实施不同法律的,适用与该涉外民事关系有最密切联系区域的法律。"故 B 项错误。

《涉外民事关系法律适用法解释(一)》第 5 条规定,一方当事人以双方协议选择的法律与系争的涉外民事关系没有实际联系为由主张选择无效的,人民法院不予支持。故 C 项正确。

《涉外民事关系法律适用法解释(一)》第 6 条第 1 款规定,当事人在一审法庭辩论终结前变更选择适用的法律的,人民法院应予准许。故 D 项错误。

108.当事人意思自治的限制;意思自治的范围[CD]

[解析]《涉外民事关系法律适用法解释(一)》第 5 条规定,一方当事人以双方协议选择的法律与系争的涉外民事关系没有实际联系为由主张选择无效的,人民法院不予支持。据此,除非法律另有规定,否则法律适用中的意思自治可以突破实际联系原则的限制。故 A 项错误。

除合同领域,当事人还可以在侵权行为关系、代理关系、无因管理、不当得利、婚姻家庭等涉外民事关系中选择适用的法律。故 B 项错误。

《涉外民事关系法律适用法解释(一)》第 6 条规定:"当事人在一审法庭辩论终结前协议选择或者变更选择适用的法律的,人民法院应予准许。各方当事人援引相同国家的法律且未提出法律适用异议的,人民法院可以认定当事人已经就涉外民事关系适用的法律做出了选择。"故 C、D 项正确。

109.当事人的意思自治原则[AB]

[解析]《涉外民事关系法律适用法》第 41 条规定:"当事人可以协议选择合同适用的法律。当事人

没有选择的,适用履行义务最能体现该合同特征的一方当事人经常居所地法律或者其他与该合同有最密切联系的法律。"合同之债法律适用的第一顺序就是意思自治原则。故 A 项正确。

《涉外民事关系法律适用法》第 44 条规定:"侵权责任,适用侵权行为地法律,但当事人有共同经常居所地的,适用共同经常居所地法律。侵权行为发生后,当事人协议选择适用法律的,按照其协议。"侵权之债法律适用的第一顺序就是意思自治原则。故 B 项正确。

《涉外民事关系法律适用法》第 36 条规定:"不动产物权,适用不动产所在地法律。"可见,在不动产物权领域的法律适用方面是不允许当事人意思自治的。故 C 项错误。

《涉外民事关系法律适用法》第 27 条规定:"诉讼离婚,适用法院地法律。"可见,离婚诉讼的法律适用方面是不允许当事人意思自治的。故 D 项错误。

考点 52 自然人权利能力和行为能力的法律适用

110. 自然人民事权利能力和民事行为能力的法律适用[D]

[解析]《涉外民事关系法律适用法》第 11 条规定:"自然人的民事权利能力,适用经常居所地法律。"琼斯的经常居住地在乙国,其民事权利能力适用乙国法。故 A、B 项错误。

《涉外民事关系法律适用法》第 12 条规定:"自然人的民事行为能力,适用经常居所地法律。自然人从事民事活动,依照经常居所地法律为无民事行为能力,依照行为地法律为有民事行为能力的,适用行为地法律,但涉及婚姻家庭、继承的除外。"民事行为能力适用哪国法,首先看经常居住地法,如果经常居住地法认为自然人无民事行为能力,则依行为地法。因此依照乙国法琼斯为无民事行为能力,依照中国法为有民事行为能力,其民事行为能力适用中国法。故 C 项错误,D 项正确。

111. 自然人行为能力的法律适用[B]

[解析]《涉外民事关系法律适用法》第 12 条规定,自然人的民事行为能力,原则上适用经常居所地法律。但自然人从事民事活动,依照经常居所地法律为无民事行为能力,依照行为地法律为有民事行为能力的,适用行为地法律。本题中,李某具有中国籍,定居甲国,甲国应为其经常居住地。李某购买电脑的行为发生在中国,中国为行为地。依据甲国法律,李某无民事行为能力。而依据中国法律,年满 18 周岁即具有完全民事行为能力,所以应当适用中国法律,认定李某有完全民事行为能力。故 B 项正确,A、C、D 项错误。

考点 53 宣告失踪和宣告死亡的法律适用

112. 宣告自然人失踪的法律适用[A]

[解析]《涉外民事关系法律适用法》第 13 条规定:"宣告失踪或者宣告死亡,适用自然人经常居所地法律。"题中,阮某和李某的经常居所地为上海,所以宣告失踪均应适用中国法。故 A 项正确,B、C、D 项错误。

113. 自然人宣告死亡的法律适用[A]

[解析]《涉外民事关系法律适用法》第 13 条规定:"宣告失踪或者宣告死亡,适用自然人经常居所地法律。"由于英国公民迈克的经常居所地在中国,所以,在宣告死亡的法律适用问题上应该适用中国法。故 A 项正确,B、C、D 项错误。

考点 54 法人权利能力和行为能力的法律适用

114. 法人权利能力和行为能力的法律适用[C]

[解析]《涉外民事关系法律适用法》第 14 条规定:"法人及其分支机构的民事权利能力、民事行为能力、组织机构、股东权利义务等事项,适用登记地法律。法人的主营业地与登记地不一致的,可以适用主营业地法律。法人的经常居所地,为其主营业地。"本案是因股东权利义务事项发生的纠纷,甲公司的主营业地(中国上海)和登记地不一致(开曼群岛),既可以适用主营业地中国法,也可以适用登记地开曼群岛法。故 C 项当选。

115. 中国关于法人国籍的确定;法人权利能力和行为能力法律适用的规定[AD]

[解析] 我国以公司的注册登记地确定公司的国籍。本题中,公司在新加坡注册登记,则其国籍为新加坡。故 A 项正确,B 项错误。

《涉外民事关系法律适用法》第 14 条规定:"法人及其分支机构的民事权利能力、民事行为能力、组织机构、股东权利义务等事项,适用登记地法律。法人的主营业地与登记地不一致的,可以适用主营业地法律。法人的经常居所地,为其主营业地。"本题中,公司注册地在新加坡,主营业地在香港地区,该公司的股东权利义务、民事权利能力与行为能力适用新加坡法或者香港法。故 C 项错误,D 项正确。

116. 股东权利事项的法律适用[A]

[解析]《涉外民事关系法律适用法》第 14 条规定:"法人及其分支机构的民事权利能力、民事行为能力、组织机构、股东权利义务等事项,适用登记地法律。法人的主营业地与登记地不一致的,可以适用主营业地法律。法人的经常居所地,为其主营业地。"本题中,甲公司、乙公司共同设立的合资公司的登记地在中国,因此,应当适用中国法。故 A 项正确,B、C、D 项错误。

117. 法人民事行为能力的法律适用[B]

[解析]《涉外民事关系法律适用法》第 14 条规

定:"法人及其分支机构的民事权利能力、民事行为能力、组织机构、股东权利义务等事项,适用登记地法律。法人的主营业地与登记地不一致的,可以适用主营业地法律。法人的经常居所地,为其主营业地。"本题中,C公司注册地和主营业地均在乙国,故应适用乙国法。故B项正确,A、C、D项错误。

考点55 时效的法律适用

118．诉讼时效的法律适用;意思自治;区际法律冲突[C]

[解析] 根据《涉外民事关系法律适用法》第6条规定,涉外民事关系适用外国法律,该国不同区域实施不同法律的,适用与该涉外民事关系有最密切联系区域的法律。A项表述过于绝对,故错误。

根据《涉外民事关系法律适用法》第7条规定,诉讼时效,适用相关涉外民事关系应当适用的法律。据此,诉讼时效适用基础民事关系所适用的法律,当事人不能约定诉讼时效所适用的法律。本题中,当事人已经约定作为基础民事关系的合同适用英国法,所以本案中的诉讼时效也应该适用英国法。故B、D项错误。

根据《涉外民事关系法律适用法解释(一)》第6条规定,当事人可以在一审法庭辩论终结前选择或者变更选择所适用的法律。故C项正确。

119．合同的法律适用;时效的法律适用;意思自治原则[BC]

[解析]《涉外民事关系法律适用法》第41条规定:"当事人可以协议选择合同适用的法律。当事人没有选择的,适用履行义务最能体现该合同特征的一方当事人经常居所地法律或者其他与该合同有最密切联系的法律。"第7条规定:"诉讼时效,适用相关涉外民事关系应当适用的法律。"据此,诉讼时效应该适用案件基础法律关系。本案的基础法律关系是合同法律关系,而合同首先应该适用双方当事人选择的法律,本案中双方当事人约定合同纠纷适用英国法,所以本案的实体问题应当适用英国法,从而本案的诉讼时效也应当适用英国法。故B、C项正确,A、D项错误。

考点56 信托的法律适用

120．信托的法律适用;意思自治原则[ABC]

[解析]《涉外民事关系法律适用法》第17条规定:"当事人可以协议选择信托适用的法律。当事人没有选择的,适用信托财产所在地或者信托关系发生地法律。"《涉外民事关系法律适用法解释(一)》第5条规定:"一方当事人以双方协议选择的法律与系争涉外民事关系没有实际联系为由主张选择无效的,人民法院不予支持。"信托的法律适用是协议选择优先,除非法条本身有限制,否则意思自治可以突破实际联系原则的限制;中国为信托财产所在地和信托关系发生地,未选择的适用中国法。故A、B、C项正确。

《涉外民事关系法律适用法》第25条规定:"父母子女人身、财产关系,适用共同经常居所地法律;没有共同经常居所地的,适用一方当事人经常居所地法律或者国籍国法律中有利于保护弱者权益的法律。"第29条规定:"扶养,适用一方当事人经常居所地法律、国籍国法律或者主要财产所在地法律中有利于保护被扶养人权益的法律。"第30条规定:"监护,适用一方当事人经常居所地法律或者国籍国法律中有利于保护被监护人权益的法律。"本题不属于上述任何一种情形。故D项错误。

考点57 仲裁协议的法律适用

121．仲裁协议的法律适用[ABCD]

[解析] 仲裁机构的仲裁地不限于国内,故A项错误。【特别提醒】法院的工作地原则上只能在国内。

《涉外民事关系法律适用法》第18条规定:"当事人可以协议选择仲裁协议适用的法律。当事人没有选择的,适用仲裁机构所在地法律或者仲裁地法律。"要特别注意,合同所适用的法律不等于合同中仲裁条款所适用的法律。本案中双方只约定了合同产生的纠纷适用德国法,但没有约定仲裁条款适用的法律,所以不能用德国法认定仲裁条款的效力,而应当适用仲裁机构所在地法律(中国法)或者仲裁地法律(新加坡法)。故B项错误。

《涉外民事关系法律适用法解释(一)》第12条规定:"当事人没有选择涉外仲裁协议适用的法律,也没有约定仲裁机构或者仲裁地,或者约定不明的,人民法院可以适用中华人民共和国法律认定该仲裁协议的效力。"本题中约定了仲裁机构和仲裁地,因此不能直接适用中国法认定该仲裁协议的效力,还可能适用新加坡法。故D项错误。

《仲裁法》第20条第1款规定:"当事人对仲裁协议的效力有异议的,可以请求仲裁委员会作出决定或者请求人民法院作出裁定。一方请求仲裁委员会作出决定,另一方请求人民法院作出裁定的,由人民法院裁定。"据此,对于仲裁协议的效力,既可以请求仲裁委员会作出决定,也可以请求人民法院作出裁定。故C项错误。

考点58 物权的法律适用

122．动产物权的法律适用[D]

[解析]《涉外民事关系法律适用法》第37条规定:"当事人可以协议选择动产物权适用的法律。当事人没有选择的,适用法律事实发生时动产所在地法律。"据此,有协议的协议优先,若双方当事人协议选择乙国法,法院应当适用乙国法,故A项错误。

事实上,本案当事人双方没有协议选择动产物权适用的法律,那么应适用哪国法?根据上述规定,当事人没有选择的,适用法律事实发生时动产所在地法律。关键在于"法律事实发生时动产所在地"的判定。注意,这里的法律事实指的是产生物权变动的法律事实。本案中,王某抓获小狗皮皮时,并不发生物权变动(拾得遗失物),在将小狗皮皮卖给莉莉时才产生了物权变动,买卖的地点在中国,因此应当适用中国法。故 B、C 项错误,D 项正确。

123．自然人行为能力的法律适用;动产物权的法律适用[C]

[解析]《涉外民事关系法律适用法》第 12 条第 1 款规定:"自然人的民事行为能力,适用经常居所地法律。"托马斯经常居所地在中国天津,其诉讼行为能力应适用中国法,故 A 项错误。

《涉外民事关系法律适用法》第 37 条规定:"当事人可以协议选择动产物权适用的法律。当事人没有选择的,适用法律事实发生时动产所在地法律。"该条款没有对当事人意思自治的范围进行限制,当事人可以协议选择任意国家的法律,故 B 项错误。对于本案画作的物权纠纷,当事双方没有达成法律选择的意思自治,应当适用李伟购得该画作的所在地(物权变动地)韩国法,故 C 项正确,D 项错误。

124．动产物权的法律适用[D]

[解析]《涉外民事关系法律适用法》第 37 条规定:"当事人可以协议选择动产物权适用的法律。当事人没有选择的,适用法律事实发生时动产所在地法律。"双方当事人可以协议选择适用的法律,故 A、B、C 项错误。如果无法就法律选择达成一致,应适用"法律事实"发生时动产所在地法。本案中的诉讼是李某意图消灭陈某对该首饰的所有权,因此本题的"法律事实"是陈某取得首饰所有权的事实。陈某是在甲国购得该首饰,所以法律事实发生地是甲国,应适用甲国法。故 D 项正确。

125．运输中动产物权的法律适用[BD]

[解析]《涉外民事关系法律适用法》第 38 条:"当事人可以协议选择运输中动产物权发生变更适用的法律。当事人没有选择的,适用运输目的地法律。"本题中,平板电脑属于运输中的动产,目的港是乙国,意思自治优先,当事人有约定的,应适用当事人选择的法律,没有约定的适用运输目的地法即乙国法。故 B、D 项正确。

考点59 合同之债的法律适用

126．劳动合同的法律适用[D]

[解析] 皮埃尔和雇用他的深圳旭日公司之间为劳动合同关系,本案为劳动合同纠纷。根据我国《涉外民事关系法律适用法》第 43 条规定,劳动合同纠纷,能确定劳动者工作地的适用劳动者工作地法;不能确定劳动者工作地的,适用用人单位主营业地法。本案劳动合同能确定皮埃尔工作地在尼日利亚,因此本劳动合同纠纷应适用尼日利亚法。故 A、B、C 项错误,D 项正确。

127．涉外劳动合同关系的法律适用[B]

[解析]《涉外民事关系法律适用法》第 43 条规定,劳动合同纠纷中,当事人没有意思自治选择法律的权利。另根据《涉外民事关系法律适用法解释(一)》第 8 条规定,中国法律涉及劳动者权益保护的规定是强制性规定,具有直接适用的效力,当事人不能通过约定排除适用。据此,本案当事双方在劳动合同中排他性地适用菲律宾法的约定是无效的,应当直接适用中国的强制性规定。故 B 项正确,A、C、D 项错误。

128．劳动合同的法律适用[D]

[解析]《涉外民事关系法律适用法》第 43 条规定:"劳动合同,适用劳动者工作地法律;难以确定劳动者工作地的,适用用人单位主营业地法律。劳务派遣,可以适用劳务派出地法律。"本题中,大卫在东亚地区巡回进行售后服务,其工作地难以确定,所以要适用用人单位主营业地法,即丙国法。故 D 项正确,A、B、C 项错误。

129．海上货物运输合同;船舶抵押权、船舶优先权的法律适用[D]

[解析]《海商法》第 269 条:"合同当事人可以选择合同适用的法律,法律另有规定的除外。合同当事人没有选择的,适用与合同有最密切联系的国家的法律。"海上运输合同可以由当事人自由选择法律的适用,没有选择的,适用最密切联系原则。故 A 项错误,D 项正确。

《海商法》第 271 条:"船舶抵押权适用船旗国法律。船舶在光船租赁以前或者光船租赁期间,设立船舶抵押权的,适用原船舶登记国的法律。"因此,有关"德洋"号抵押权的受偿顺序应适用船旗国法律,而不是法院地法律。故 B 项错误。

船舶优先权的争议应适用法院地法律。本案法院地在中国。故 C 项错误。

考点60 侵权之债的法律适用

130．侵犯人格权的法律适用规则[B]

[解析]《涉外民事关系法律适用法》第 46 条规定:"通过网络或者采用其他方式侵害姓名权、肖像权、名誉权、隐私权等人格权的,适用被侵权人经常居所地法律。"据此,侵犯人格权应适用被侵权人经常居所地法律,不可协议选择适用的法律。故 A 项错误。本题中的被侵权人大卫的经常居所地为瑞士,所以应当适用瑞士法律。故 B 项正确,C、D 项错误。

131．侵权的法律适用[B]

[解析]《涉外民事关系法律适用法》第46条规定："通过网络或者采用其他方式侵害姓名权、肖像权、名誉权、隐私权等人格权的，适用被侵权人经常居所地法律。"本题被侵权人王某经常居所地是新加坡，应适用新加坡法。故B项正确，A、C、D项错误。

132．涉外侵权行为的法律适用[B]

[解析]《涉外民事关系法律适用法》第44条规定："侵权责任，适用侵权行为地法律，但当事人有共同经常居所地的，适用共同经常居所地法律。侵权行为发生后，当事人协议选择适用法律的，按照其协议。"因此侵权纠纷的法律适用为有协议的依协议，无协议的适用双方共同经常居所地法律，无共同经常居所地的适用侵权行为地法。故A、D项错误。

法律适用中的意思自治不受实际联系原则的限制。故C项错误。

《涉外民事关系法律适用法解释（一）》第6条第1款规定："当事人在一审法庭辩论终结前协议选择或者变更选择适用的法律的，人民法院应予准许。"因此，当事人意思自治的最晚时间为一审法庭辩论终结前。《涉外民事关系法律适用法》第10条规定："涉外民事关系适用的外国法律，由人民法院、仲裁机构或者行政机关查明。当事人选择适用外国法律的，应当提供该国法律。不能查明外国法律或者该国法律没有规定的，适用中华人民共和国法律。"当事人在开庭前协议选择适用外国法的，法院应予支持，但当事人应提供该国法律。故B项正确。

133．侵权行为的法律适用[ABD]

[解析]《涉外民事关系法律适用法》第44条规定："侵权责任，适用侵权行为地法律，但当事人有共同经常居所地的，适用共同经常居所地法律。侵权行为发生后，当事人协议选择适用法律的，按照其协议。"侵权纠纷，第一步，先看当事人有没有协议，不管是口头协议还是书面协议，也不管协议发生在侵权行为之前还是之后，都适用协议约定；第二步，再看当事人有没有共同的经常居所地，如有共同经常居所地，则适用共同经常居所地法律；第三步，没有上述情形的，则适用侵权行为地法。故A、B项正确。

双方当事人未约定适用法律的，适用侵权行为地法，但当事人有共同经常居所地的，则适用二者共同的经常居所地法。本案中，甲国公民A与乙国公民B的经常居所地均在中国，应当适用共同经常居所地法，即中国法。故D项正确，C项错误。

134．侵权的法律适用[BCD]

[解析]《涉外民事关系法律适用法》第46条规定："通过网络或者采用其他方式侵害姓名权、肖像权、名誉权、隐私权等人格权的，适用被侵权人经常居所地法律。"本题中，特里通过互联网发布不利于王某的消息，侵犯其人格权，应当适用被侵权人王某的经常居所地法律，即中国法。故A项正确，不当选；B、C、D项错误，当选。

135．海上运输合同；海事特殊侵权的法律适用[CD]

[解析]《海商法》第273条规定："船舶碰撞的损害赔偿，适用侵权行为地法律。船舶在公海上发生碰撞的损害赔偿，适用受理案件的法院所在地法律。同一国籍的船舶，不论碰撞发生于何地，碰撞船舶之间的损害赔偿适用船旗国法律。"本题为甲国货轮"盛京"号与乙国货轮"万寿"号相撞于公海，应适用法院地法。故A、B项错误，C项正确。

《海商法》第269条规定："合同当事人可以选择合同适用的法律，法律另有规定的除外。合同当事人没有选择的，适用与合同有最密切联系的国家的法律。"我国《海商法》允许运输合同的当事人意思自治选择法律，本题中"盛京"号运输货物提单中写明有关运输争议适用中国《海商法》。故D项正确。

136．海事关系的法律适用[BD]

[解析]《涉外民事关系法律适用法》第41条规定："当事人可以协议选择合同适用的法律。当事人没有选择的，适用履行义务最能体现该合同特征的一方当事人经常居所地法律或者其他与该合同有最密切联系的法律。"据此，合同之债首先根据意思自治确定准据法，没有意思自治的才适用经常居所地法律或者其他与该合同有最密切联系的法律。本案中甲国公司与乙国货轮已就航次租船合同约定适用甲国法律，则应遵守该约定。故A项错误，B项正确。

《海商法》第273条规定："船舶碰撞的损害赔偿，适用侵权行为地法律。船舶在公海上发生碰撞的损害赔偿，适用受理案件的法院所在地法律。同一国籍的船舶，不论碰撞发生于何地，碰撞船舶之间的损害赔偿适用船旗国法律。"本案中"锦绣"号与"金象"号分属乙国和丁国籍船舶，碰撞地在丙国，则应适用侵权行为地的丙国法律。故C项错误，D项正确。

考点61 不当得利、无因管理的法律适用

137．无因管理的法律适用[B]

[解析] 根据《涉外民事关系法律适用法》第47条规定，不当得利和无因管理适用双方当事人选择的法律；当事人没有选择的，适用当事人共同经常居所地法律；没有共同经常居所地的，适用不当得利、无因管理发生地法律。本题中，二人的经常居所地不同，如果双方协议选择了适用法律，则应予适用；如果双方未协议选择适用的法律，则应当适用无因管理发生地的法律即中国法。故B项正确。

138．无因管理的法律适用[A]

[解析]《涉外民事关系法律适用法》第47条规定："不当得利、无因管理，适用当事人协议选择适用的法律。当事人没有选择的，适用当事人共同经常居所地法律；没有共同经常居所地的，适用不当得利、无因管理发生地法律。"本案中，德国人马克将潘某送入医院并垫付医药费的行为属于无因管理，因此本案属于无因管理之诉。由于双方当事人没有选择法律，但共同经常居所地在上海，所以应适用中国法。故A项正确，B、C、D项错误。

139．不当得利的法律适用[B]

[解析]《涉外民事关系法律适用法》第47条规定："不当得利、无因管理，适用当事人协议选择适用的法律。当事人没有选择的，适用当事人共同经常居所地法律；没有共同经常居所地的，适用不当得利、无因管理发生地法律。"本题中，苏珊要求旅店返还多付的1000元房费属于主张不当得利的返还，首先应适用当事人协议选择的法律。故B项正确，A、C、D项错误。

考点62 商事关系的法律适用

140．票据的法律适用；不当得利的法律适用[B]

[解析]《票据法》第98条规定："票据的背书、承兑、付款和保证行为，适用行为地法律。"本题中，巴西乙公司在里约热内卢将汇票背书转让给了巴西丙公司，应适用巴西法。故A项错误。

《票据法》第99条规定："票据追索权的行使期限，适用出票地法律。"本题中，法国甲公司在深圳向巴西乙公司出具汇票，出票地在中国，适用中国法。故B项正确。

《票据法》第101条规定："票据丧失时，失票人请求保全票据权利的程序，适用付款地法律。"本题中，汇票付款人为法国甲公司在深圳的分支机构，付款地为深圳，应适用中国法。故C项错误。

《涉外民事关系法律适用法》第47条规定："不当得利、无因管理，适用当事人协议选择适用的法律。当事人没有选择的，适用当事人共同经常居所地法律；没有共同经常居所地的，适用不当得利、无因管理发生地法律。"本题中的不当得利双方当事人为巴西丙公司和广州的谢某，应优先适用双方协议选择的法律，若没有协议，因为没有共同经常居所地，应适用不当得利发生地法即中国法。故D项错误。

141．票据的法律适用[A]

[解析]《票据法》第96条规定："票据债务人的民事行为能力，适用其本国法律。票据债务人的民事行为能力，依照其本国法律为无民事行为能力或者为限制民事行为能力而依照行为地法律为完全民事行为能力的，适用行为地法律。"《涉外民事关系法律适用法》第12条规定："自然人的民事行为能力，适用经常居所地法律。自然人从事民事活动，依照经常居所地法律为无民事行为能力，依照行为地法律为有民事行为能力的，适用行为地法律，但涉及婚姻家庭、继承的除外。"李某依中国法为限制民事行为能力人，依票据签发地法德国法为完全民事行为能力人的，应适用德国法。故A项正确。

《票据法》第98条规定："票据的背书、承兑、付款和保证行为，适用行为地法律。"票据背书地为德国柏林，应适用德国法。故B项错误。

《票据法》第99条规定："票据追索权的行使期限，适用出票地法律。"支票的出票地在德国，应适用德国法。故C项错误。

《票据法》第101条规定："票据丧失时，失票人请求保全票据权利的程序，适用付款地法律。"付款地为中国乙银行，应适用中国法。故D项错误。

142．船舶碰撞的损害赔偿[D]

[解析]《海商法》第273条第3款规定："同一国籍的船舶，不论碰撞发生于何地，碰撞船舶之间的损害赔偿适用船旗国法律。"本题中，东方号与另一艘货轮的船旗国均为巴拿马，船舶碰撞的损害赔偿应适用巴拿马法。故A、B、C项错误。

《海商法》第271条第2款规定："船舶在光船租赁以前或者光船租赁期间，设立船舶抵押权的，适用原船舶登记国的法律。"东方号货轮的原登记国为中国，应适用中国法。故D项正确。

143．票据当事人能力的法律适用；外国法的查明[C]

[解析]《票据法》第96条："票据债务人的民事行为能力，适用其本国法律。票据债务人的民事行为能力，依照其本国法律为无民事行为能力或者为限制民事行为能力而依照行为地法律为完全民事行为能力的，适用行为地法律。"本题中，票据行为能力人里斯是甲国人，其行为能力应适用甲国法。故A、B项错误。里斯是甲国居民，但票据行为地发生在中国，若依中国法里斯有完全行为能力，则应认定其具有完全民事能力。故C项正确。

依据《涉外民事关系法律适用法》第10条第2款规定："不能查明外国法律或者该国法律没有规定的，适用中华人民共和国法律。"故D项错误。

144．票据的法律适用[C]

[解析]《票据法》第100条规定："票据的提示期限、有关拒绝证明的方式、出具拒绝证明的期限，适用付款地法律。"本条实际上是对持票人责任的规定。为了行使追索权，持票人必须在规定的期限内提示票据，将拒付情形通知出票人和背书人，并按规定方式取得拒绝证明。因此，票据的追索权适用付款地法

律,即丙国法。故 A 项错误。

《票据法》第 99 条规定:"票据追索权的行使期限,适用出票地法律。"本案中乙国为出票地,故该支票追索权的行使期限应适用乙国法律。故 B 项错误。

《票据法》第 97 条规定:"汇票、本票出票时的记载事项,适用出票地法律。支票出票时的记载事项,适用出票地法律,经当事人协议,也可以适用付款地法律。"因此,该本票的记载事项应适用出票地法,即乙国法。故 C 项正确。

《票据法》第 96 条规定:"票据债务人的民事行为能力,适用其本国法律。票据债务人的民事行为能力,依照其本国法律为无民事行为能力或者为限制民事行为能力而依照行为地法律为完全民事行为能力的,适用行为地法律。"因此,罗得的行为能力应适用其本国法,即甲国法律。故 D 项错误。

考点 63 知识产权的法律适用

145．知识产权许可协议的法律适用;知识产权侵权的法律适用[BC]

[解析]《涉外民事关系法律适用法》第 49 条规定:"当事人可以协议选择知识产权转让和许可使用适用的法律。当事人没有选择的,适用本法对合同的有关规定。"据此,专利许可协议纠纷应适用双方选择的日本法,B 项正确。

《涉外民事关系法律适用法》第 50 条规定:"知识产权的侵权责任,适用被请求保护地法律,当事人也可以在侵权行为发生后协议选择适用法院地法律。"《涉外民事关系法律适用法解释(一)》第 6 条第 1 款规定:"当事人在一审法庭辩论终结前协议选择或者变更选择适用的法律的,人民法院应予准许。"据此,专利侵权纠纷首先允许当事人双方在一审法庭辩论终结前合意选择法院地;如果没有达成意思自治,应适用专利被请求保护地的越南法。故 A、D 项错误,C 项正确。

146．知识产权侵权的法律适用[AD]

[解析]《涉外民事关系法律适用法》第 50 条规定:"知识产权的侵权责任,适用被请求保护地法律,当事人也可以在侵权行为发生后协议选择适用法院地法律。"本案属于商标权纠纷,双方当事人可以协议选择法院地法,即中国法。故 A 项正确,C 项错误。若双方不能达成一致的,应适用被请求保护地法。本案中,原告请求中国法院保护的是其在中国和韩国注册的两项商标,知识产权的被请求保护地分别为中国和韩国。故 B 项错误,D 项正确。

147．涉外民事关系定性的法律适用;知识产权归属、内容及侵权的法律适用[AC]

[解析]《涉外民事关系法律适用法》第 8 条规定:"涉外民事关系的定性,适用法院地法律。"本案法院地位于中国,因此,本案定性应适用中国法。故 A 项正确。

《涉外民事关系法律适用法》第 48 条规定:"知识产权的归属和内容,适用被请求保护地法律。"即专利权的归属和内容,适用被请求保护地法,即英国法。故 C 项正确,B 项错误。

《涉外民事关系法律适用法》第 50 条规定:"知识产权的侵权责任,适用被请求保护地法律,当事人也可以在侵权行为发生后协议选择适用法院地法律。"故当事人不能达成协议,应适用被请求保护地法。故 D 项错误。

148．知识产权的法律适用[AD]

[解析]《涉外民事关系法律适用法》第 48 条规定:"知识产权的归属和内容,适用被请求保护地法律。"A 公司与 B 公司就该批货物在中国境内的商标权产生争议,双方诉至中国某法院,在中国请求保护,中国是被请求保护地,因此,该归属争议应适用中国法。故 A 项正确,B 项错误。

《涉外民事关系法律适用法》第 49 条规定:"当事人可以协议选择知识产权转让和许可使用适用的法律。当事人没有选择的,适用本法对合同的有关规定。"因此,本案转让争议当事人可以协议选择法律。故 D 项正确,C 项错误。

考点 64 婚姻与夫妻关系的法律适用

149．法律规避;结婚条件的法律适用;夫妻关系的法律适用[AD]

[解析]因杰克和王某尚不满中国法定婚龄,二人到伦敦结婚的行为属于《涉外民事关系法律适用法解释(一)》第 9 条"一方当事人故意制造涉外民事关系的连结点,规避中华人民共和国法律、行政法规的强制性规定"的法律规避行为。故 A 项正确。

《涉外民事关系法律适用法》第 21 条规定:"结婚条件,适用当事人共同经常居所地法律;没有共同经常居所地的,适用共同国籍国法律;没有共同国籍,在一方当事人经常居所地或者国籍国缔结婚姻的,适用婚姻缔结地法律。"杰克和王某的共同经常居所地在上海,故二者结婚条件应适用中国法。故 B 项错误,D 项正确。

由于未达中国法定婚龄,法院应认定杰克和王某婚姻无效。一旦婚姻无效,也就不产生夫妻财产分割问题。故 C 项错误。

150．中国关于涉外结婚的法律适用规则[A]

[解析]《涉外民事关系法律适用法》第 21 条规定:"结婚条件,适用当事人共同经常居所地法律;没有共同经常居所地的,适用共同国籍国法律;没有共同国籍,在一方当事人经常居所地或者国籍国缔结婚姻的,适用婚姻缔结地法律。"据此,结婚条件适用的

法律顺序是:当事人共同经常居所地法律→共同国籍国法律→婚姻缔结地法律。贝克与李某没有共同居所地,也没有共同国籍,在一方当事人李某的国籍国(即中国)结婚。两人的婚龄,属于结婚的实质要件,所以应适用婚姻缔结地法,即中国法。故A项正确,D项错误。

《涉外民事关系法律适用法》第22条规定:"结婚手续,符合婚姻缔结地法律、一方当事人经常居所地法律或者国籍国法律的,均为有效。"贝克与李某结婚的手续符合德国法或者中国法的均为有效。故B项错误。

《涉外民事关系法律适用法》将结婚条件和结婚手续的法律适用分别作出了规定。故C项错误。

151．涉外财产关系和离婚的法律适用[ABCD]

[解析]《涉外民事关系法律适用法》第24条规定:"夫妻财产关系,当事人可以协议选择适用一方当事人经常居所地法律、国籍国法律或者主要财产所在地法律。当事人没有选择的,适用共同经常居所地法律;没有共同经常居所地的,适用共同国籍国法律。"韩国为一方当事人经常居所地,双方可以选择适用韩国法。故A项正确。

该法第27条规定:"诉讼离婚,适用法院地法律。"故B项正确。

该法第26条规定:"协议离婚,当事人可以协议选择适用一方当事人经常居所地法律或者国籍国法律。当事人没有选择的,适用共同经常居所地法律;没有共同经常居所地的,适用共同国籍国法律;没有共同国籍的,适用办理离婚手续机构所在地法律。"中国为双方共同居所地,因此双方没有协议即适用中国法。故C项正确。中国、韩国和德国分别为双方共同经常居所地和一方当事人的国籍国,因此双方可以选择适用该地的法律。故D项正确。

152．涉外夫妻人身关系、财产关系的法律适用[BD]

[解析]《涉外民事关系法律适用法》第23条规定:"夫妻人身关系,适用共同经常居所地法律;没有共同经常居所地的,适用共同国籍国法律。"姓氏、同居问题属于人身权,应适用共同经常居所地法律,李某与金某的共同经常居所地为北京,应适用中国法。故A项错误,B项正确。

《涉外民事关系法律适用法》第24条规定:"夫妻财产关系,当事人可以协议选择适用一方当事人经常居所地法律、国籍国法律或者主要财产所在地法律。当事人没有选择的,适用共同经常居所地法律;没有共同经常居所地的,适用共同国籍国法律。"本题中,对于二人婚姻存续期间双方取得的财产的处分问题,双方选择适用一方的国籍国甲国法。没有作出选择,应当适用共同经常居住地中国的法律。故C项错误,D项正确。

153．结婚的手续、条件的法律适用[BD]

[解析]《涉外民事关系法律适用法》第22条的规定,结婚手续的法律适用可以是婚姻缔结地法律、一方当事人经常居所地法律或者国籍国法律。因此,玛丽与王某结婚手续的法律适用除了适用中国法外,也可以适用甲国法和乙国法。故A项错误,B项正确。

《涉外民事关系法律适用法》第21条规定:"结婚条件,适用当事人共同经常居所地法律;没有共同经常居所地的,适用共同国籍国法律;没有共同国籍,在一方当事人经常居所地或者国籍国缔结婚姻的,适用婚姻缔结地法律。"本题中,玛丽与王某在中国都有经常居所地,结婚条件应适用共同经常居所地法律,即中国法。故C项错误,D项正确。

考点65 监护关系的法律适用

154．离婚的法律适用;夫妻财产关系的法律适用;监护关系的法律适用[ABC]

[解析]《涉外民事关系法律适用法》第27条规定:"诉讼离婚,适用法院地法律。"诉讼离婚仅指离婚程序、离婚条件。故A项正确。

《涉外民事关系法律适用法》第24条规定:"夫妻财产关系,当事人可以协议选择适用一方当事人经常居所地法律、国籍国法律或者主要财产所在地法律。当事人没有选择的,适用共同经常居所地法律;没有共同经常居所地的,适用共同国籍国法律。"王某与米勒可选择适用经常居所地法、主要财产所在地法,即中国法,也可选择适用国籍国法,即中国法或甲国法。故B项正确。

《涉外民事关系法律适用法》第30条规定:"监护,适用一方当事人经常居所地法律或者国籍国法律中有利于保护被监护人权益的法律。"故C项正确、D项错误。

155．涉外监护的法律适用[ABCD(原答案为B)]

[解析]本题考查于《涉外民事关系法律适用法》生效之前,当时作答的法律依据是《民通意见》(已失效)第190条:"监护的设立、变更和终止,适用被监护人的本国法律。但是,被监护人在我国境内有住所的,适用我国的法律。"据此,本案中,曲某具有中国国籍,有关他的监护问题应适用其本国法即中国法,故当时B项正确。但依据《涉外民事关系法律适用法》第30条规定:"监护,适用一方当事人经常居所地法律或者国籍国法律中有利于保护被监护人权益的法律。"本案中,监护人李某是定居甲国的乙国人;被监护人是经常居所地在甲国的中国人。因此,本题应在甲国、乙国、中国之中选择有利于保护被监护人曲某

考点66 收养关系的法律适用

156．收养的法律适用[C]

[解析] 收养的法律适用规定于《涉外民事关系法律适用法》第28条，具体来说：

收养的条件和手续，适用收养人和被收养人的经常居所地法律。在本案中，收养人和被收养人的经常居所地都在中国，所以收养的条件和手续都应该适用中国法。故A、B项错误。

收养关系的解除，适用收养时被收养人经常居所地法律或者法院地法律。本案中收养时被收养人的经常居所地在中国，法院地也在中国。所以收养的解除应该适用中国法。故C项正确。

收养的效力，适用收养时收养人经常居所地法律。本案中收养时收养人的经常居所地也在中国，所以收养的效力适用中国法。故D项错误。

157．收养的法律适用[B]

[解析]《外国人在中华人民共和国收养子女登记办法》第8条规定："外国人来华收养子女，应当亲自来华办理登记手续。夫妻共同收养的，应当共同来华办理收养手续；一方因故不能来华的，应当书面委托另一方。委托书应当经所在国公证和认证。"因此，甲乙双方不是必须共同来华办理收养手续。故A项错误。

《外国人在中华人民共和国收养子女登记办法》第9条第1款规定："外国人来华收养子女，应当与送养人订立书面收养协议。协议一式三份，收养人、送养人各执一份，办理收养登记手续时收养登记机关收存一份。"故B项正确。

《涉外民事关系法律适用法》第28条规定："收养的条件和手续，适用收养人和被收养人经常居所地法律。收养的效力，适用收养时收养人经常居所地法律。收养关系的解除，适用收养时被收养人经常居所地法律或者法院地法律。"本题中，甲和乙的经常居所地在英国，被收养人的经常居所地在中国，所以收养的条件应重叠适用中国法和英国法。故C项错误。收养时收养人经常居所地在英国，收养的效力应适用英国法律。故D项错误。

158．收养的条件和手续；收养的效力；收养关系解除的法律适用[A]

[解析] 根据《涉外民事关系法律适用法》第28条规定，收养的条件和手续，适用收养人和被收养人经常居所地法律。本案中，收养人某甲国公民的经常居住地在甲国，被收养人是长期居住在北京的中国儿童，经常居所地在中国，因此收养的条件和手续应同时符合甲国法和中国法。故A项正确，B项错误。

收养的效力，适用收养时收养人经常居所地法律，本案应适用甲国法。故C项错误。

收养关系的解除，适用收养时被收养人经常居所地法律或者法院地法律，本案应适用中国法。故D项错误。

考点67 继承的法律适用

159．遗嘱继承的法律适用；外国法的查明[ABC]

[解析]《涉外民事关系法律适用法》第32条规定："遗嘱方式，符合遗嘱人立遗嘱时或者死亡时经常居所地法律、国籍国法律或者遗嘱行为地法律的，遗嘱均为成立。"据此，符合三者其一的，遗嘱即可成立。本题中，甲国是佩罗的国籍国，中国是佩罗立遗嘱时的经常居所地，而遗嘱行为地题中并未明确，因此"该遗嘱方式须符合中国法或甲国法，遗嘱才能成立"的说法过于绝对，故A项错误。

根据《涉外民事关系法律适用法解释（一）》第15条规定，认定为不能查明外国法律的情形有二：（1）人民法院通过由当事人提供、已对中华人民共和国生效的国际条约规定的途径、中外法律专家提供等合理途径仍不能获得外国法律的，可以认定为不能查明外国法律。（2）当事人应当提供外国法律，其在人民法院指定的合理期限内无正当理由未提供该外国法律的，可以认定为不能查明外国法律。据此，对外国法律有异议，并非认定为不能查明外国法律的理由。故B项错误。

《涉外民事关系法律适用法》第33条规定："遗嘱效力，适用遗嘱人立遗嘱时或者死亡时经常居所地法律或者国籍国法律。"本题中，甲国为佩罗的国籍国，中国为佩罗立遗嘱时的经常居所地，因此该遗嘱的效力可以适用中国法或甲国法，故D项正确。因为法院可以选择适用法律，完全可以排除适用甲国法，而适用中国法。此外，即便适用甲国法，禁止使用快猫短视频也与遗嘱的效力没有法律意义上的关联。故C项错误。

160．中国关于法定继承法律适用的规定[ABCD]

[解析]《涉外民事关系法律适用法》第31条规定："法定继承，适用被继承人死亡时经常居所地法律，但不动产法定继承，适用不动产所在地法律。"该条将遗产区分为动产和不动产，分别确认继承的准据法。

怀特的经常居所在中国上海，其两笔银行存款属于动产，均应适用被继承人死亡时经常居所地法律，即中国法。故A、B项正确。在上海和巴黎的房产属于不动产，应适用不动产所在地法律，即分别适用中国法与法国法。故C、D项正确。

161．继承关系的法律适用[BD]

[解析]《涉外民事关系法律适用法》第31条："法定继承，适用被继承人死亡时经常居所地法律，但不动产法定继承，适用不动产所在地法律。"本题中，

被继承人李某移居乙国,死亡时的经常居所地是乙国。因此,李某动产继承应适用乙国法。故 B 项正确,A、C 项错误。李某所购房屋属于不动产,其继承适用不动产所在地法律。故 D 项正确。

专题十四　国际民商事争议的解决

考点68　涉外仲裁协议

162．仲裁协议[ABC]

[解析]《中国国际经济贸易仲裁委员会仲裁规则》第 6 条规定,当事人对仲裁协议或仲裁案件管辖权的异议,应当在仲裁庭首次开庭前书面提出;书面审理的案件,应当在第一次实体答辩前提出。故 A 项正确。

《涉外民事关系法律适用法》第 18 条规定:"当事人可以协议选择仲裁协议适用的法律。当事人没有选择的,适用仲裁机构所在地法律或者仲裁地法律。"本案双方没有约定仲裁协议应适用的法律,但仲裁机构和仲裁地都在中国,因此仲裁协议应适用中国法。故 B 项正确。

《中国国际经济贸易仲裁委员会仲裁规则》第 4 条规定:"规则的适用……(二)当事人约定将争议提交仲裁委员会仲裁的,视为同意按照本规则进行仲裁……"故 C 项正确。

《中国国际经济贸易仲裁委员会仲裁规则》第 17 条规定:"申请人可以申请对其仲裁请求进行变更,被申请人也可以申请对其反请求进行变更;但是仲裁庭认为其提出变更的时间过迟而影响仲裁程序正常进行的,可以拒绝其变更请求。"故 D 项错误。

163．仲裁条款的法律适用[BC]

[解析]《仲裁法》第 20 条第 1 款规定:"当事人对仲裁协议的效力有异议的,可以请求仲裁委员会作出决定或者请求人民法院作出裁定。一方请求仲裁委员会作出决定,另一方请求法院作出裁定的,由人民法院裁定。"故 A 项错误。

由上述条款可知,如果既向仲裁机构提出申请,又向法院提出申请的,由法院裁定,因此,对本案仲裁条款的效力,如 A 公司请求 C 仲裁作出决定,B 公司请求中国法院作出裁定的,由中国法院裁定。故 B 项正确。

《涉外民事关系法律适用法》第 18 条规定:"当事人可以协议选择仲裁协议适用的法律。当事人没有选择的,适用仲裁机构所在地法律或者仲裁地法律。"故 C 项正确,D 项错误。

164．涉外仲裁;仲裁协议[B]

[解析]《仲裁法》第 2 条规定:"平等主体的公民、法人和其他组织之间发生的合同纠纷和其他财产权益纠纷,可以仲裁。"违约责任属于合同纠纷的范畴,属于可仲裁的范围。故 A 项错误。

《仲裁法解释》第 3 条规定:"仲裁协议约定的仲裁机构名称不准确,但能够确定具体的仲裁机构的,应当认定选定了仲裁机构。""中国贸仲"是中国国际经济贸易仲裁委员会的常规简称,由此应当认定双方已确定了仲裁机构。故 B 项正确。

《仲裁法》第 18 条规定:"仲裁协议对仲裁事项或者仲裁委员会没有约定或者约定不明确的,当事人可以补充协议;达不成补充协议的,仲裁协议无效。"可见,仲裁协议在约定不明的情况下并非当然无效。故 C 项错误。

《仲裁法解释》第 13 条第 2 款规定:"仲裁机构对仲裁协议的效力作出决定后,当事人向人民法院申请确认仲裁协议效力或者申请撤销仲裁机构的决定的,人民法院不予受理。"故 D 项错误。

考点69　涉外仲裁程序

165．涉外仲裁裁决的撤销[B]

[解析] 我国法院只能撤销本国的仲裁裁决,不能撤销外国的仲裁裁决,对外国的仲裁裁决只能作出不予承认和执行的裁定。故 A 项错误。

根据《仲裁法》第 70 条规定,当事人提出证据证明涉外仲裁裁决有民事诉讼法第 258 条第 1 款(现为第 284 条第 1 款)规定的情形之一的,经人民法院组成合议庭审查核实,裁定撤销。《仲裁法解释》第 19 条规定:"当事人以仲裁裁决事项超出仲裁协议范围为由申请撤销仲裁裁决,经审查属实的,人民法院应当撤销仲裁裁决中的超裁部分。但超裁部分与其他裁决事项不可分的,人民法院应当撤销仲裁裁决。"可见,我国法院撤销涉外仲裁裁决的法定理由之一是裁决事项超出仲裁协议范围。故 B 项正确。

撤销涉外仲裁裁决的依据是《仲裁法》第 70 条,可撤销理由有 4 项;撤销国内仲裁裁决的依据是《仲裁法》第 58 条,可撤销理由有 6 项。根据条文内容可知,撤销涉外仲裁裁决和撤销国内仲裁裁决的法定理由不同。故 C 项错误。

《民事诉讼法》中规定可以上诉的裁定只有不予受理、驳回起诉、管辖权异议三种,不包括不予执行裁定,因此单纯看 D 项本身的表述是正确的。但是,结合本题题干"关于仲裁裁决的撤销……"D 项则是不正确的,对于当事人提起撤销仲裁裁决的请求,法院只能作出撤销仲裁裁决或驳回当事人申请两种裁定,不应作出不予执行仲裁裁决的裁定。故 D 项结合题意不严谨,不当选。

考点70　外国仲裁裁决的承认与执行

166．外国仲裁裁决的承认与执行[A]

[解析]《民诉解释》第 546 条第 1 款规定:"承

和执行外国法院作出的发生法律效力的判决、裁定或者外国仲裁裁决的案件,人民法院应当组成合议庭进行审查。"故 A 项正确。

法条变更	《最高人民法院关于适用〈中华人民共和国民事诉讼法〉的解释》
	根据 2022 年 3 月 22 日最高人民法院审判委员会第 1866 次会议《关于修改〈最高人民法院关于适用《中华人民共和国民事诉讼法〉的解释〉的决定》第二次修正(法释〔2022〕11 号)

《民诉解释》第 543 条规定,对临时仲裁庭在中华人民共和国领域外作出的仲裁裁决,一方当事人向人民法院申请承认和执行的,人民法院应当依照民事诉讼法第 290 条(现为第 304 条)规定处理。《民事诉讼法》第 304 条规定:"在中华人民共和国领域外作出的发生法律效力的仲裁裁决,需要人民法院承认和执行的,当事人可以直接向被执行人住所地或者其财产所在地的中级人民法院申请。被执行人住所地或者其财产不在中华人民共和国领域内的,当事人可以向申请人住所地或者与裁决的纠纷有适当联系的地点的中级人民法院申请。人民法院应当依照中华人民共和国缔结或者参加的国际条约,或者按照互惠原则办理。"可见,境外临时仲裁庭作出的仲裁裁决也可在我国获得承认与执行。故 B 项错误。

法条变更	《中华人民共和国民事诉讼法》
	根据 2023 年 9 月 1 日第十四届全国人民代表大会常务委员会第五次会议《关于修改〈中华人民共和国民事诉讼法〉的决定》第五次修正

《最高人民法院关于人民法院处理与涉外仲裁及外国仲裁事项有关问题的通知》规定,凡一方当事人向人民法院申请承认和执行的外国仲裁裁决不符合我国参加的国际公约的规定或者不符合互惠原则的,在裁定不予执行或者拒绝承认和执行之前,必须报请本辖区所属高级人民法院进行审查;如果高级人民法院同意不予执行或者拒绝承认和执行,应将其审查意见报最高人民法院。待最高人民法院答复后,方可裁定不予执行或者拒绝承认和执行。C 项中"直接裁定"做法错误,缺少报本辖区内的高院审查和最高院答复。故 C 项错误。

司法协助的程序原则上应当依据被请求国的法律,本案被请求国是中国,乙公司申请执行该裁决的期间应适用《民事诉讼法》的规定。故 D 项错误。

167. 仲裁裁决的承认和执行[C]

[解析] 我国《民事诉讼法》第 304 条规定,在中华人民共和国领域外作出的发生法律效力的仲裁裁决,需要人民法院承认和执行的,当事人可以直接向被执行人住所地或者其财产所在地的中级人民法院申请。故 A 项错误。

《民诉解释》第 543 条规定,对临时仲裁庭在中华人民共和国领域外作出的仲裁裁决,一方当事人向人民法院申请承认和执行的,人民法院应当依照《民事诉讼法》第 304 条规定处理。故 B 项错误。

根据《民诉解释》第 542 条的规定,申请承认和执行外国法院作出的发生法律效力的判决、裁定被裁定驳回的,当事人可以向人民法院起诉。故 C 项正确。

《民诉解释》第 544 条第 2 款规定,当事人仅申请承认而未同时申请执行的,人民法院仅对应否承认进行审查并作出裁定。故 D 项错误。

168. 外国仲裁裁决的承认与执行的条件;拒绝承认外国仲裁裁决的情形;我国加入该公约作出的保留事项[B]

[解析]《承认与执行外国仲裁裁决公约》第 5 条规定:"只有在请求承认和执行裁决中的被诉人向请求地管辖机关证明下列情况的时候,才可以根据被诉人的请求,拒绝承认和执行裁决……"因此,对于法院是否承认与执行仲裁裁决,均需当事人提出申请,法院只能依据当事人的请求进行审查,不能依职权主动审查。故 A 项错误。

《承认与执行外国仲裁裁决公约》第 5 条的规定,没有所谓的"其他应当予以拒绝的情形"之类的表述,所罗列的理由是穷尽性的。故 B 项正确。

如该裁决内含有对仲裁协议范围以外事项的决定,该事项又可以与交付仲裁的事项分开,则可以对交付仲裁的事项部分予以承认和执行,仅针对超出部分不予承认和执行。故 C 项错误。

我国加入该公约的时候作出的保留针对商事仲裁裁决,并没有对侵权性质案件保留。故 D 项错误。

169. 外国仲裁裁决的承认和执行[B]

[解析] 我国加入《承认与执行外国仲裁裁决公约》时,作了两项保留:(1)互惠保留:即我国只对在另一缔约国领土内作出的裁决适用该公约。可见,裁决与申请人国籍无关。故 A 项错误。(2)商事保留:我国只承认和执行按照我国法律属于"契约性或非契约性商事法律关系"引起的争议所作出的外国仲裁裁决,但不包括外国投资者与东道国之间的争端。故 B 项正确。基于"商事保留",C 项认为中国有义务承认……所有……说法过于绝对。故 C 项错误。

《关于执行我国加入的〈承认及执行外国仲裁裁决公约〉的通知》第 3 条:"……申请我国法院承认和

执行在另一缔约国领土内作出的仲裁裁决,是由仲裁裁决的一方当事人提出的。对于当事人的申请应由我国下列地点的中级人民法院受理:……(二)被执行人为法人的,为其主要办事机构所在地……"故 D 项错误。

考点 71 外国人的民事诉讼地位

170．涉外诉讼程序[C]

[解析]《民诉解释》第 525 条第 1 款规定:"当事人向人民法院提交的书面材料是外文的,应当同时向人民法院提交中文翻译件。"故 A 项错误。

《民诉解释》第 526 条规定:"涉外民事诉讼中的外籍当事人,可以委托本国人为诉讼代理人,也可以委托本国律师以非律师身份担任诉讼代理人……"但如果委托的外籍当事人根据中国民事诉讼法的规定,需要回避的,则不被允许。因此,并非委托任意一位英国律师。故 B 项错误。

《民诉解释》第 527 条规定:"涉外民事诉讼中,外国驻华使领馆授权其本馆官员,在作为当事人的本国国民不在中华人民共和国领域内的情况下,可以以外交代表身份为其本国国民在中华人民共和国聘请中华人民共和国律师或者中华人民共和国公民代理民事诉讼。"故 C 项正确。

《民诉解释》第 528 条规定:"涉外民事诉讼中,经调解双方达成协议,应当制发调解书。当事人要求发给判决书的,可以依协议的内容制作判决书送达当事人。"故 D 项错误。

171．诉讼语言文字[C]

[解析]《民事诉讼法》第 273 条规定:"人民法院审理涉外民事案件,应当使用中华人民共和国通用的语言、文字。当事人要求提供翻译的,可以提供,费用由当事人承担。"故 C 项正确,A、B、D 项错误。

172．对涉及特权与豁免主体案件管辖的内部报告制度[C]

[解析]《最高人民法院关于人民法院受理涉及特权与豁免的民事案件有关问题的通知》规定:"凡以下列在中国享有特权与豁免的主体为被告、第三人向人民法院起诉的民事案件,人民法院应在决定受理之前,报请本辖区高级人民法院审查;高级人民法院同意受理的,应当将其审查意见报最高人民法院。在最高人民法院答复前,一律暂不受理。(一)外国国家;(二)外国驻中国使馆和使馆人员;(三)外国驻中国领馆和领馆成员;(四)途经中国的外国驻第三国的外交代表和与其共同生活的配偶及未成年子女;(五)途经中国的外国驻第三国的领事官员和与其共同生活的配偶及未成年子女;(六)持有中国外交签证或者持有外交护照(仅限互免签证的国家)来中国的外国官员;(七)持有中国公务签证或者持有中国互免公务签证国家外交护照的领事官员;(八)来中国访问的外国国家元首、政府首脑、外交部长及其他具有同等身份的官员;(九)来中国参加联合国及其专门机构召开的国际会议的外国代表;(十)临时来中国的联合国及其专门机构的官员和专家;(十一)联合国系统组织驻中国的代表机构和人员;(十二)其他在中国享有特权与豁免的主体。"

可知,若享有特权与豁免的主体为民事案件中的被告或第三人,应当适用该报告制度,原告不适用该报告制度。故 A、B 项错误,C 项正确。根据第(十)项,若被告是临时来华的联合国官员,则对其作为被告的有关的民事案件的受理适用该报告制度。故 D 项错误。

考点 72 涉外民商事案件的管辖权

173．国际商事法庭[ACD]

[解析] 根据《民事诉讼法》第 287 条规定,涉外民事案件的审理不受国内案件审理时限的限制。故 A 项错误。

《最高人民法院关于设立国际商事法庭若干问题的规定》第 17 条规定:"国际商事法庭作出的发生法律效力的判决、裁定和调解书,当事人可以向国际商事法庭申请执行。"故 B 项正确。

为方便外方当事人,《最高人民法院关于设立国际商事法庭若干问题的规定》第 9 条第 2 款规定:"当事人提交的证据材料系英文且经对方当事人同意的,可以不提交中文翻译件。"但是,对于判决书,没有用英文制作的相关规定,应当制作中文判决书。故 C 项错误。

《最高人民法院关于设立国际商事法庭若干问题的规定》第 10 条规定:"国际商事法庭调查收集证据以及组织质证,可以采用视听传输技术及其他信息网络方式。"故 D 项错误。

174．国际商事法庭[A]

[解析]《最高人民法院关于设立国际商事法庭若干问题的规定》第 15 条第 1 款规定:"国际商事法庭作出的判决、裁定,是发生法律效力的判决、裁定。"第 16 条第 1 款规定:"当事人对国际商事法庭作出的已经发生法律效力的判决、裁定和调解书,可以依照民事诉讼法的规定向最高人民法院本部申请再审。"据此,国际商事法庭作出的判决是发生法律效力的终审判决,当事人无权上诉。对判决不服,当事人可以依照民事诉讼法的规定向最高人民法院本部申请再审。故 A 项正确。

《最高人民法院关于设立国际商事法庭若干问题的规定》第 4 条规定,国际商事法庭法官由最高人民法院在具有丰富审判工作经验,熟悉国际条约、国际惯例以及国际贸易投资实务,能够同时熟练运用中文和英文作为工作语言的资深法官中选任。根据我国《法官法》对法官任职条件的规定,法官必须具有中国国籍,不包括外国人。故B项错误。

《最高人民法院关于设立国际商事法庭若干问题的规定》第9条规定:"当事人向国际商事法庭提交的证据材料系在中华人民共和国领域外形成的,不论是否已办理公证、认证或者其他证明手续,均应当在法庭上质证。当事人提交的证据材料系英文且经对方当事人同意的,可以不提交中文翻译件。"据此,证据材料经对方当事人同意的,可以不提交中文翻译件。故C项错误。在域外形成的证据材料不论是否已办理公证、认证,均应当在法庭上质证后才能采用。故D项错误。

175. 中国关于国际民事案件管辖权以及合同法律适用的规定[B]

[解析]《民事诉讼法》第276条第1款规定:"因涉外民事纠纷,对在中华人民共和国领域内没有住所的被告提起除身份关系以外的诉讼,如果合同签订地、合同履行地、诉讼标的物所在地、可供扣押财产所在地、侵权行为地、代表机构住所地位于中华人民共和国领域内的,可以由合同签订地、合同履行地、诉讼标的物所在地、可供扣押财产所在地、侵权行为地、代表机构住所地人民法院管辖。"本题中,萨沙在中国境内没有可供扣押的财产,亦无居所,设备买卖合同签订地在中国,该套设备位于中国境内。因此韩某可以在合同签订地或诉讼标的物所在地法院起诉。故B项正确,A、C项错误。

《涉外民事关系法律适用法》第41条赋予合同当事人选择法律的权利,且未要求当事人选择与合同纠纷有关的国家的法律,几类特殊合同除外。本题涉及的合同不属于法律规定的几类特殊合同,因而当事人可以选择与纠纷无关的国家的法律。故D项错误。

176. 国际民事诉讼中特别地域管辖原则;平行管辖原则;空难损害赔偿的法律适用[ABC]

[解析]《民事诉讼法》第276条规定:"因涉外民事纠纷,对在中华人民共和国领域内没有住所的被告提起除身份关系以外的诉讼,如果合同签订地、合同履行地、诉讼标的物所在地、可供扣押财产所在地、侵权行为地、代表机构住所地位于中华人民共和国领域内的,可以由合同签订地、合同履行地、诉讼标的物所在地、可供扣押财产所在地、侵权行为地、代表机构住所地人民法院管辖。除前款规定外,涉外民事纠纷与中华人民共和国存在其他适当联系的,可以由人民法院管辖。"本案中,乘客和航空公司的纠纷属于合同纠纷,甲国某航空公司在中国设有代表处,中国法院对该案有管辖权。故A项正确。

《民诉解释》第531条规定,中华人民共和国法院和外国法院都有管辖权的案件,一方当事人向外国法院起诉,而另一方当事人向中华人民共和国法院起诉的,人民法院可予受理。中国法律并不限制乙国法院根据该国法律对该纠纷行使管辖权。故B项正确。

人民法院已确定不予认可民事判决的,申请人不得再提出认可申请,但可以就同一案件事实向人民法院起诉。甲国法院受理该纠纷并不影响中国法院对此诉讼行使管辖权。故C项正确。

若我国法院受理此案,合同纠纷的法律适用应首先尊重当事人的意思自治,没有意思自治适用最密切联系原则确定准据法。故D项错误。

177. 外国人民事诉讼中的诉讼代理;国际民事诉讼的协议管辖及平行管辖[A]

[解析]《民诉解释》第526条规定:"涉外民事诉讼中的外籍当事人,可以委托本国人为诉讼代理人,也可以委托本国律师以非律师身份担任诉讼代理人;外国驻华使领馆官员,受本国公民的委托,可以以个人名义担任诉讼代理人,但在诉讼中不享有外交或者领事特权和豁免。"外国人在中国法院参与诉讼时,可以亲自进行,也有权通过一定程序委托我国律师或其他公民代为进行,委托律师的,必须委托我国的律师,也可以委托其本国律师以非律师身份担任诉讼代理人。故A项正确。外交人员以个人名义担任诉讼代理人,不享有外交特权和豁免,故B项错误。

涉外合同纠纷的当事人可以协议选择与争议有实际联系的地点的法院管辖,但必须以书面的形式。题目中"明示方式"包括书面选择和口头选择,表述不准确,故C项错误。

《民诉解释》第531条规定,如果中国法院有管辖权的,当事人在国外的起诉并不影响我国法院管辖权的行使。故D项错误。

178. 涉外民事诉讼案件的管辖[D]

[解析]《民诉解释》第531条第1款规定:"中华人民共和国法院和外国法院都有管辖权的案件,一方当事人向外国法院起诉,而另一方当事人向中华人民共和国法院起诉的,人民法院可予受理。判决后,外国法院申请或者当事人请求人民法院承认和执行外国法院对本案作出的判决、裁定的,不予准许;但双共同缔结或者参加的国际条约另有规定的除外。"本题中,甲国法院对该案件已作出判决,但该判决并未在中国申请承认,因此我国法院仍然有权对同一案件行使管辖权。故A项错误,D项正确。

《民事诉讼法》第276条第1款规定,因涉外民事纠纷,对在中华人民共和国领域内没有住所的被告提起除身份关系以外的诉讼,如果合同签订地、合同履行地、诉讼标的物所在地、可供扣押财产所在地、侵权行为地、代表机构住所地位于中华人民共和国领域内的,可以由合同签订地、合同履行地、诉讼标的物所在地、可供扣押财产所在地、侵权行为地、代表机构住所地人民法院管辖。本题中,合同履行地在我国,所以我国法院有管辖权。故 B 项错误。

国际民事案件管辖权问题实质上是各国对国际民事案件的司法管辖权的范围的划分问题,是各国主权冲突的体现,没有任何一个国家的司法管辖权是不受限制的。故 C 项错误。

考点73 域外文书送达

179.国际司法协助中域外司法文书的送达方式[D]

[解析] 根据《民事诉讼法》第283条,除公告送达为兜底性条款外,在我国立法司法实践中,一直以来都对其他送达文书方式无明确适用顺序要求,而是根据便捷、高效原则确定。故 A 项错误。

受送达人所在国的法律允许邮寄送达的,可以邮寄送达。故 B 项错误。

对具有中华人民共和国国籍的受送达人,可以委托中华人民共和国驻受送达人所在国的使领馆代为送达。受送达人并非中国公民,不能采用驻外使领馆的送达途径。故 C 项错误。

可以采用能够确认受送达人收悉的电子方式送达,但是受送达人所在国法律禁止的除外。故 D 项正确。

考点74 域外调取证据

180.中国关于司法协助的规定[A]

[解析]《民事诉讼法》第294条第2款规定,外国驻华使领馆可以向该国公民送达文书和调查取证,但不得违反中国法律,并不得采取强制措施。高娃为蒙古公民,因此蒙古驻华使馆可向其送达文书和调查取证,但是不得违背我国法律,并不得采取强制措施。故 A 项正确,B、C、D 项错误。

181.国际司法协助[A]

[解析]《关于从国外调取民事或商事证据的公约》和《全国人大常委会关于我国加入〈关于从国外调取民事或商事证据的公约〉的决定》规定,指定中华人民共和国司法部为负责接收来自另一缔约国司法机关的请求书,并将其转交给执行请求的主管机关的中央机关。故 A 项正确。

该公约第12条规定:"只有在下列情况下,才能拒绝执行请求书:(一)在执行国,该请求书的执行不属于司法机关的职权范围;或(二)被请求国认为,请求书的执行将会损害其主权和安全。执行国不能仅因其国内法已对该项诉讼标的规定专属管辖权或不承认对该事项提起诉讼的权利为理由,拒绝执行请求。"因此,中国可以以该请求书不属于司法机关职权范围为由拒绝执行。故 B 项错误。

根据该公约第15、16条及我国《民事诉讼法》第294条规定,通过本国驻他国领事或外交人员在驻在国直接调查取证,一般是向本国国民取证,不得违反当地的法律,不得采取强制措施。故 C 项错误。

对于当事人自行取证,我国《民事诉讼法》第294条第3款规定:"除前款规定的情况外,未经中华人民共和国主管机关准许,任何外国机关或者个人不得在中华人民共和国领域内送达文书、调查取证。"可见,外国当事人或其诉讼代理人都不得在中国境内自行取证。故 D 项错误。

182.司法协助中的域外取证和域外送达[D]

[解析]《关于从国外调取民事或商事证据的公约》第1条规定:"在民事或商事案件中,每一缔约国的司法机关可以根据该国的法律规定,通过请求书的方式,请求另一缔约国主管机关调取证据或履行某些其他司法行为。请求书不得用来调取不打算用于已经开始或即将开始的司法程序的证据。"因此,调取证据的请求仅仅限于司法程序。故 A 项错误。

《关于从国外调取民事或商事证据的公约》第12条规定:"只有在下列情况下,才能拒绝执行请求书:(一)在执行国,该请求书的执行不属于司法机关的职权范围;或(二)被请求国认为,请求书的执行将会损害其主权和安全。执行国不能仅因其国内法已对该项诉讼标的规定专属管辖权或不承认对该事项提起诉讼的权利为理由,拒绝执行请求。"依据该规定,专属管辖和相关事项不能起诉不能成为拒绝的理由。故 B、C 项错误。

《关于从国外调取民事或商事证据的公约》第15条第1款规定:"在民事或商事案件中,每一缔约国的外交官员或领事代表在另一缔约国境内其执行职务的区域内,可以向他所代表的国家的国民在不采取强制措施的情况下调取证据,以协助在其代表的国家的法院中进行的诉讼。"故 D 项正确。

183.域外取证[BD]

[解析]《关于从国外调取民事或商事证据的公约》除了规定请求书取证和外交官员、领事代表和特派员取证外,还规定了当事人或代理人自行取证的方式,但我国加入该公约时,对特派员取证和当事人或其代理人自行取证两种方式提出了保留。故 A 项错误。

《关于从国外调取民事或商事证据的公约》第1条第1款规定:"在民事或商事案件中,每一缔约国的司法机关可以根据该国的法律规定,通过请求书的方式,请求另一缔约国主管机关调取证据或履行某些其他司法行为。"因此,调取证据的请求,应以请求书的方式提出。故 B 项正确。

《关于从国外调取民事或商事证据的公约》第2

三国法 [答案详解]

条的规定,一国向另一国请求调取证据的,可由一国法院直接将请求书交给对方国家的中央司法机关,无需通过请求方相关机关转交。故 C 项错误。

《关于从国外调取民事或商事证据的公约》第 15 条第 1 款规定:"在民事或商事案件中,每一缔约国的外交官员或领事代表在另一缔约国境内其执行职务的区域内,可以向他所代表的国家的国民在不采取强制措施的情况下调取证据,以协助在其代表的国家的法院中进行的诉讼。"故 D 项正确。

考点 75 外国法院判决的承认与执行

184. 外国离婚判决在我国的承认与执行;一事再诉 [B]

[解析] 根据《最高人民法院关于人民法院受理申请承认外国法院离婚判决案件有关问题的规定》第 2 条规定,外国公民向人民法院申请承认外国法院离婚判决,如果其离婚的原配偶是中国公民的,人民法院应予受理;如果其离婚的原配偶是外国公民的,人民法院不予受理。本题中,甲国人朴某向中国法院申请承认外国离婚判决,其离婚的原配偶杨某是中国公民,我国法院应予受理。故 A 项错误。

根据司法实践和相关规定,外国人向中国法院申请承认外国离婚判决的程序,也适用《最高人民法院关于中国公民申请承认外国法院离婚判决程序问题的规定》。根据该《规定》第 12 条,如果外国离婚判决是在被告缺席且未得到合法传唤的情况下作出的,我国法院不予承认。故 B 项正确。

《最高人民法院关于中国公民申请承认外国法院离婚判决程序问题的规定》第 19 条规定:"人民法院受理承认外国法院离婚判决的申请后,对方当事人向人民法院起诉离婚的,人民法院不予受理。"这也是涉外纠纷中平行诉讼和在先原则的体现。故 C 项错误。

《最高人民法院关于中国公民申请承认外国法院离婚判决程序问题的规定》第 21 条规定:"申请人的申请为人民法院受理后,申请人可以撤回申请,人民法院以裁定准予撤回。申请人撤回申请后,不得再提出申请,但可以另行向人民法院起诉离婚。"故 D 项错误。

185. 外国法院判决的承认与执行 [C]

[解析]《民事诉讼法》第 298 条规定:"外国法院作出的发生法律效力的判决、裁定,需要人民法院承认和执行的,可以由当事人直接向有管辖权的中级人民法院申请承认和执行,也可以由外国法院依照该国与中华人民共和国缔结或者参加的国际条约的规定,或者按照互惠原则,请求人民法院承认和执行。"故 A 项正确。申请承认与执行的判决应是外国法院作出的发生法律效力的判决。故 B 项正确。外国法院的判决、裁定申请中国法院承认和执行的,可以由当事人申请,也可以由外国法院请求执行。故 C 项错误。

《民事诉讼法》第 300 条规定:"对申请或者请求承认和执行的外国法院作出的发生法律效力的判决、裁定,人民法院经审查,有下列情形之一的,裁定不予承认和执行:……(五)违反中华人民共和国法律的基本原则或者损害国家主权、安全、社会公共利益。"故 D 项正确。

186. 外国法院判决的承认与执行 [B]

[解析]《最高人民法院关于中国公民申请承认外国法院离婚判决程序问题的规定》第 1 条规定:"对与我国没有订立司法协助协议的外国法院作出的离婚判决,中国籍当事人可以根据本规定向人民法院申请承认该外国法院的离婚判决。对与我国有司法协助协议的外国法院作出的离婚判决,按照协议的规定申请承认。"第 2 条规定:"外国法院离婚判决中的夫妻财产分割、生活费负担、子女抚养方面判决的承认执行,不适用本规定。"据此,如果作出离婚判决的外国法院所属国和我国之间没有相互承认和执行法院判决的双边司法协助协议,当事人仍然有权根据上述司法解释向法院提出承认和执行外国判决的申请,符合条件的,我国法院应当执行,但仅以外国判决中解除夫妻身份关系的内容为限。故 A 项正确,B 项错误。

《最高人民法院关于中国公民申请承认外国法院离婚判决程序问题的规定》第 22 条规定:"申请人的申请被驳回后,不得再提出申请,但可以另行向人民法院起诉离婚。"故 C 项正确。

《最高人民法院关于中国公民申请承认外国法院离婚判决程序问题的规定》第 19 条规定:"人民法院受理承认外国法院离婚判决的申请后,对方当事人向人民法院起诉离婚的,人民法院不予受理。"故 D 项正确。

187. 外国法院判决的承认与执行 [ABC]

[解析]《民事诉讼法》第 298 条规定:"外国法院作出的发生法律效力的判决、裁定,需要人民法院承认和执行的,可以由当事人直接向有管辖权的中级人民法院申请承认和执行,也可以由外国法院依照该国与中华人民共和国缔结或者参加的国际条约的规定,或者按照互惠原则,请求人民法院承认和执行。"故 A、B 项正确。

《民事诉讼法》第 299 条规定:"人民法院对申请或者请求承认和执行的外国法院作出的发生法律效力的判决、裁定,依照中华人民共和国缔结或者参加的国际条约,或者按照互惠原则进行审查后,认为不违反中华人民共和国法律的基本原则且不损害国家主权、安全、社会公共利益的,裁定承认其效力;需要执行的,发出执行令,依照本法的有关规定执行。"所以,对外国法院判决效力的承认,我国采取裁定的方式。故 C 项正确。

对外国法院的判决,并非一律予以执行。根据《民事诉讼法》第 300 条规定:"对申请或者请求承认和执行的外国法院作出的发生法律效力的判决、裁定,人民法院经审查,有下列情形之一的,裁定不予承认和执行:(一)依据本法第三百零一条的规定,外国法院对案件无管辖权;(二)被申请人未得到合法传唤或者虽经合法传唤但未获得合理的陈述、辩论机会,或者无诉讼行为能力的当事人未得到适当代理;(三)判决、裁定是通过欺诈方式取得;(四)人民法院已对同一纠纷作出判决、裁定,或者已经承认第三国法院对同一纠纷作出的判决、裁定;(五)违反中华人民共和国法律的基本原则或者损害国家主权、安全、社会公共利益。"故 D 项错误。

考点76 外资非正常撤离的跨国追究与诉讼

188．外资非正常撤离问题;域外取证[C]

[解析]《外资非正常撤离中国相关利益方跨国追究与诉讼工作指引》(以下简称《工作指引》)第 3 条规定:"不履行正常清算义务给债权人造成损失的,根据最高法院《关于适用〈中华人民共和国公司法〉若干问题的规定(二)》的最新规定,作为有限责任公司的股东、股份有限公司的控股股东和董事以及公司实际控制人的外国企业或个人仍应承担相应民事责任,对公司债务承担连带清偿责任。"故 A 项错误。

引渡是针对刑事犯罪嫌疑人或罪犯适用的制度,在民商事领域不能适用。故 B 项错误。

《工作指引》第 2 条规定:"外资非正常撤离事件发生后,中方当事人要及时向有关司法主管部门(法院或侦查机关)申请民商事或刑事案件立案。根据案件具体情况,各主管部门可根据各自系统内工作程序及我国和相应国家签订的《民商事司法协助条约》或《刑事司法协助条约》,通过条约规定的中央机关在本国向外方提出司法协助请求。外方根据所缔约条约有义务向中方提供司法协助(例如向位于该国的诉讼当事人送达传票、起诉书等司法文书,调取相关证据,协助调查涉案人员和资金的下落,搜查扣押相关物品等)。"本案中甲国人格里回国后未返回,中方当事人可向国内有管辖权的法院立案。故 C 项正确。

我国的域外取证方式有代为取证和领事取证,而不能由当事人自行向外国主管机关申请。故 D 项错误。

专题十五 区际法律问题

考点77 区际文书送达

189．大陆与台湾地区的司法协助;涉台案件的法律适用;司法文书的直接送达和邮寄送达[D]

[解析]《关于审理涉台民商事案件法律适用问题的规定》第 2 条规定:"台湾地区当事人在人民法院参与民事诉讼,与大陆当事人有同等的诉讼权利和义务,其合法权益受法律平等保护。"因此,张某与大陆当事人有同等诉讼权利和义务,故 A 项正确。

《关于审理涉台民商事案件法律适用问题的规定》第 1 条规定:"人民法院审理涉台民商事案件,应当适用法律和司法解释的有关规定。根据法律和司法解释中选择适用法律的规则,确定适用台湾地区民事法律的,人民法院予以适用。"因此在诉讼中确定应适用台湾地区民事法律的,受案的法院应当予以适用,故 B 项正确。

《关于涉台民事诉讼文书送达若干规定》第 3 条规定:"人民法院向住所地在台湾地区的当事人送达民事诉讼文书,可以采用下列方式:(一)受送达人居住在大陆的,直接送达。受送达人是自然人,本人不在的,可以交其同住成年家属签收;受送达人是法人或者其他组织的,应当由法人的法定代表人、其他组织的主要负责人或者该法人、组织负责收件的人签收;受送达人不在大陆居住,但送达时在大陆的,可以直接送达……"因此,如张某在大陆,民事诉讼文书可以直接送达。故 C 项正确。

《关于涉台民事诉讼文书送达若干规定》第 5 条第 1 款规定:"采用本规定第三条第一款第(五)项方式送达的,应当附有送达回证。受送达人未在送达回证上签收但在邮件回执上签收的,视为送达,签收日期为送达日期。""必须在送达回证上签收"说法错误。故 D 项错误。

190．涉港司法文书的送达[BC]

[解析]《关于涉港澳民商事案件司法文书送达问题若干规定》第 3 条规定:"作为受送达人的自然人或者企业、其他组织的法定代表人、主要负责人在内地的,人民法院可以直接向该自然人或者法定代表人、主要负责人送达。"陈某是公司的法定代表人,其在内地,中级人民法院可以直接送达,不需要再经过上一级人民法院。故 A 项错误。

该《规定》第 4 条规定:"除受送达人在授权委托书中明确表明其诉讼代理人无权代为接收有关司法文书外,其委托的诉讼代理人为有权代其接受送达的诉讼代理人,人民法院可以向该诉讼代理人送达。"因甲公司在授权委托书中明确了不能由张某代收司法文书,故中级人民法院不能向张某送达。故 B 项正确。

该《规定》第 5 条规定:"受送达人在内地设立有代表机构的,人民法院可以直接向该代表机构送达。受送达人在内地设立有分支机构或者业务代办人并授权其接受送达的,人民法院可以直接向该分支机构或者业务代办人送达。"注意 C 项表述的是代表机构,而不是分支机构或业务代办人,如甲公司在内地设有代表机构的,受案人民法院可直接向该代表机构送达。故 C 项正确。

该《规定》第 10 条规定:"除公告送达方式外,人民法院可以同时采取多种法定方式向受送达人送达。采取多种方式送达的,应当根据最先实现送达的方式确定送达日期。"该条排除了公告送达方式,也就是说公告送达与其他法定方式的送达不能同时运用,采用了公告送达就排除了其他送达方式。故 D 项错误。

191．区际司法协助[BC]

[解析]《关于涉台民事诉讼文书送达的若干规定》第 3 条规定:"人民法院向住所地在台湾地区的当事人送达民事诉讼文书,可以采用下列方式:……(四)受送达人在大陆有代表机构、分支机构、业务代办人的,向其代表机构或者经受送达人明确授权接受送达的分支机构、业务代办人送达;(五)受送达人在台湾地区的地址明确的,可以邮寄送达;……(七)按照两岸认可的其他途径送达。采用上述方式不能送达或者台湾地区的当事人下落不明的,公告送达。"据此,向业务代办人送达须有受送达人的明确授权,故不可直接向乙公司在大陆的任何业务代办人送达。故 A 项错误。台湾地区当事人下落不明的可以公告送达。故 B 项正确。

该《规定》第 5 条规定:"采用本规定第三条第一款第(五)项方式送达的,应当附有送达回证。受送达人未在送达回证上签收但在邮件回执上签收的,视为送达,签收日期为送达日期。自邮寄之日起满三个月,如果未能收到送达与否的证明文件,且根据各种情况不足以认定已经送达的,视为未送达。"故 C 项正确,D 项错误。

考点78 区际调取证据

192．内地与澳门的司法协助中司法文书的送达;证据的调取[CD(原答案为ACD)]

[解析] 2020 年修正的《关于内地与澳门特别行政区法院就民商事案件相互委托送达司法文书和调取证据的安排》第 2 条规定:"双方相互委托送达司法文书和调取证据,通过各高级人民法院和澳门特别行政区终审法院进行。最高人民法院与澳门特别行政区终审法院可以直接相互委托送达和调取证据。经与澳门特别行政区终审法院协商,最高人民法院可以授权部分中级人民法院、基层人民法院与澳门特别行政区终审法院相互委托送达和调取证据。"据此,双方相互委托送达司法文书和调取证据,一般通过各高级人民法院和澳门特别行政区终审法院进行;但是,最高人民法院经协商可以授权部分中级人民法院、基层人民法院与澳门特别行政区终审法院相互委托送达和调取证据。因此,A 项中"应通过该中级法院所属高级法

院转交澳门特别行政区终审法院"的说法不准确,故 A 项错误。【旧题新解】《最高人民法院关于内地与澳门特别行政区法院就民商事案件相互委托送达司法文书和调取证据的安排》在 2020 年修正后重新发布。根据修正前的《安排》,双方相互委托送达司法文书和调取证据均要通过各高级人民法院和澳门特别行政区终审法院进行,因此,原本 A 项是正确的。但新的《安排》第 2 条第 2 款增加了"经与澳门特别行政区终审法院协商,最高人民法院可以授权部分中级人民法院、基层人民法院与澳门特别行政区终审法院相互委托送达和调取证据"的新内容,据此 A 项不再是正确选项。

该《安排》第 5 条规定:"委托书应当以中文文本提出。所附司法文书及其他相关文件没有中文文本的,应当提供中文译本。"中文属于官方语言,澳门终审法院不能要求提供葡萄牙译本。故 B 项错误。

根据该《安排》,内地法院可以请求澳门特别行政区法院协助调取与案件有关的证据。该《安排》第 3 条第 1 款规定:"双方相互委托送达司法文书和调取证据,通过内地与澳门司法协助网络平台以电子方式转递;不能通过司法协助网络平台以电子方式转递的,采用邮寄方式。"第 16 条规定:"委托方法院请求调取的证据只能是用于与诉讼有关的证据。"故 C 项正确。

该《安排》第 20 条规定:"受委托方法院在执行委托调取证据时,根据委托方法院的请求,可以允许委托方法院派司法人员出席。必要时,经受委托方允许,委托方法院的司法人员可以向证人、鉴定人等发问。"因此,在受委托方法院执行委托调取证据时,该中级法院司法人员经过受托方允许可以出席并直接向证人提问。故 D 项正确。

法条变更	《最高人民法院关于内地与澳门特别行政区法院就民商事案件相互委托送达司法文书和调取证据的安排》 根据 2019 年 12 月 30 日最高人民法院审判委员会第 1790 次会议通过的《最高人民法院关于修改〈关于内地与澳门特别行政区法院就民商事案件相互委托送达司法文书和调取证据的安排〉的决定》修正,自 2020 年 3 月 1 日起施行(法释[2020]1号)

考点79 区际法院判决的认可和执行

193．香港判决的认可与执行[B]

[解析]《关于内地与香港特别行政区法院相互认可和执行民商事案件判决的安排》第 11 条第 2 款

规定:"前款所称'书面形式'是指合同书、信件和数据电文(包括电报、电传、传真、电子数据交换和电子邮件)等可以有形地表现所载内容的形式。"电子邮件符合"书面形式"要求,故A项错误。

该《安排》第7条规定:"申请认可和执行本安排规定的判决:(一)在内地,向申请人住所地或者被申请人住所地、财产所在地的中级人民法院提出;(二)在香港特别行政区,向高等法院提出。申请人应当向符合前款第一项规定的其中一个人民法院提出申请。向两个以上有管辖权的人民法院提出申请的,由最先立案的人民法院管辖。"如乙公司的住所地与财产所在地分处两个中级人民法院的辖区,说明这两个人民法院都有管辖权,若甲公司向这两个人民法院提出申请,为避免管辖权冲突,由最先立案的人民法院管辖。故B项正确。

该《安排》第21条规定:"被申请人在内地和香港特别行政区均有可供执行财产的,申请人可以分别向两地法院申请执行。应对方法院要求,两地法院应当相互提供本方执行判决的情况。两地法院执行财产的总额不得超过判决确定的数额。"故C项错误。

该《安排》第26条规定:"被请求方法院就认可和执行的申请作出裁定或者命令后,当事人不服的,在内地可以于裁定送达之日起10日内向上一级人民法院申请复议,在香港特别行政区可以依据其法律规定提出上诉。"故D项错误。

194. 申请认可台湾地区民事判决[AD(原答案为ABD)]

[解析]《关于认可和执行台湾地区法院民事判决的规定》第14条第1款规定:"人民法院受理认可台湾地区法院民事判决的申请后,应当在立案之日起6个月内审结。有特殊情况需要延长的,报请上一级人民法院批准。"故A项正确。

该《规定》第13条规定:"人民法院受理认可台湾地区法院民事判决的申请后,作出裁定前,申请人请求撤回申请的,可以裁定准许。"本题中"应当准许"说法不准确。故B项错误。

该《规定》第19条规定:"对人民法院裁定不予认可的台湾地区法院民事判决,申请人再次提出申请的,人民法院不予受理,但申请人可以就同一争议向人民法院起诉。"故C项错误。

该《规定》第9条第1款规定:"申请人申请认可台湾地区法院民事判决,应当提供相关证明文件,以证明该判决真实并且已经生效。"故D项正确。

195. 台湾地区民事判决的承认和执行[A]

[解析]《关于认可和执行台湾地区法院民事判决的规定》第4条第1、2款规定:"申请认可台湾地区法院民事判决的案件,由申请人住所地、经常居住地或者被申请人住所地、经常居住地、财产所在地中级人民法院或者专门人民法院受理。申请人向两个以上有管辖权的人民法院申请认可的,由最先立案的人民法院管辖。"本题中,乙公司在上海和北京都有财产,其中级人民法院均有管辖权,应由最先立案的中级人民法院管辖。故A项正确。

该《规定》第17条规定:"经人民法院裁定认可的台湾地区法院民事判决,与人民法院作出的生效判决具有同等效力。"故B项错误。

《民事诉讼法》第103条第2款规定:"人民法院采取保全措施,可以责令申请人提供担保,申请人不提供担保的,裁定驳回申请。"C项"视情况决定是否准予财产保全"说法错误。故C项错误。

该《规定》第20条第1款规定,申请人申请认可和执行台湾地区法院民事判决的期间,适用民事诉讼法第239条(现为第250条)的规定,但申请认可台湾地区法院有关身份关系的判决除外。《民事诉讼法》第250条第1款规定:"申请执行的期间为二年。……"故D项错误。

196. 涉港法院判决的承认和执行[D]

[解析]《关于内地与香港特别行政区法院相互认可和执行民商事案件判决的安排》第8条第3款规定:"向内地人民法院提交的文件没有中文文本的,应当提交准确的中文译本。"可知,申请人向香港法院提交的文件并未要求必须要有中文译本。故A项错误。

该《安排》第12条规定:"申请认可和执行的判决,被申请人提供证据证明有下列情形之一的,被请求方法院审查核实后,应当不予认可和执行:(一)原审法院对有关诉讼的管辖不符合本安排第11条规定的;(二)依据原审法院地法律,被申请人未经合法传唤,或者虽经合法传唤但未获得合理的陈述、辩论机会的;(三)判决是以欺诈方法取得的;(四)被请求方法院受理相关诉讼后,原审法院又受理就同一争议提起的诉讼并作出判决的;(五)被请求方法院已经就同一争议作出判决,或者已经认可其他国家和地区就同一争议作出的判决的;(六)被请求方已经就同一争议作出仲裁裁决,或者已经认可其他国家和地区作出的仲裁裁决的。内地人民法院认为认可和执行香港特别行政区法院判决明显违反内地法律的基本原则或者社会公共利益,香港特别行政区法院认为认可和执行内地人民法院判决明显违反香港特别行政区法律的基本原则或者公共政策的,应当不予认可和执行。"可知,并非所有的判决都可获得承认和执行。故B项错误。

该《安排》第30条第2款规定,本安排生效前,当事人已签署《关于内地与香港特别行政区法院相互认可和执行当事人协议管辖的民商事案件判决的安排》

所称的"书面管辖协议"的,仍适用该安排。《关于内地与香港特别行政区法院相互认可和执行当事人协议管辖的民商事案件判决的安排》第3条第5款规定:"除非合同另有规定,合同中的管辖协议条款独立存在,合同的变更、解除、终止或者无效,不影响管辖协议条款的效力。"故C项错误。

该《安排》第26条规定:"被请求方法院就认可和执行的申请作出裁定或者命令后,当事人不服的,在内地可以于裁定送达之日起10日内向上一级人民法院申请复议,在香港特别行政区可以依据其法律规定提出上诉。"故D项正确。

197. 区域司法协助[D]

[解析]《关于内地与香港特别行政区法院相互认可和执行民商事案件判决的安排》第30条第2款规定,本安排生效前,当事人已签署《关于内地与香港特别行政区法院相互认可和执行当事人协议管辖的民商事案件判决的安排》所称的"书面管辖协议"的,仍适用该安排。《关于内地与香港特别行政区法院相互认可和执行当事人协议管辖的民商事案件判决的安排》第3条第5款规定:"除非合同另有规定,合同中的管辖协议条款独立存在,合同的变更、解除、终止或者无效,不影响管辖协议条款的效力。"故A项错误。

该《安排》第7条规定:"申请认可和执行本安排规定的判决:(一)在内地,向申请人住所地或者被申请人住所地、财产所在地的中级人民法院提出;(二)在香港特别行政区,向高等法院提出。申请人应当符合前款第一项规定的其中一个人民法院提出申请。向两个以上有管辖权的人民法院提出申请的,由最先立案的人民法院管辖。"可知,原则上向其中一个人民法院提出申请,如果向两个以上有管辖权的人民法院提出申请的,由最先立案的人民法院管辖。故B项错误。

该《安排》第27条规定:"申请认可和执行判决的,应当依据被请求方有关诉讼收费的法律和规定交纳费用。"故C项错误。

该《安排》第8条第3款规定:"向内地人民法院提交的文件没有中文文本的,应当提交准确的中文译本。"故D项正确。

198. 申请认可台湾地区民事判决[ABD]

[解析]《关于认可和执行台湾地区法院民事判决的规定》第15条第1款规定:"台湾地区法院民事判决具有下列情形之一的,裁定不予认可:(一)申请认可的民事判决,是在被申请人缺席又未经合法传唤或者在被申请人无诉讼行为能力又未得到适当代理的情况下作出的;(二)案件系人民法院专属管辖的;(三)案件双方当事人订有有效仲裁协议,且无放弃仲裁管辖情形的;(四)案件已人民法院已作出判决或者中国大陆的仲裁庭已作出仲裁裁决的;(五)香港特别行政区、澳门特别行政区或者外国的法院已就同一争议作出判决且已为人民法院所认可或者承认的;(六)台湾地区、香港特别行政区、澳门特别行政区或者外国的仲裁庭已就同一争议作出仲裁裁决且已为人民法院所认可或者承认的。"A、B、D项分别符合上述第(二)、(五)、(一)项的规定,符合题意,当选。

涉台民事判决的承认与执行不需要当事人双方具有书面管辖协议。故C项不当选。

考点80 区际仲裁裁决的认可与执行

199. 涉澳仲裁裁决的认可和执行[AC]

[解析]《最高人民法院关于内地与澳门特别行政区相互认可和执行仲裁裁决的安排》第2条第3款规定:"澳门特别行政区有权受理认可仲裁裁决申请的法院为中级法院,有权执行的法院为初级法院。"据此,澳门特别行政区有权受理认可仲裁裁决申请的法院为中级法院,但无执行权,申请执行应向初级法院提出。故A项正确,B项错误。

根据该《安排》第7条第1款第5项规定,仲裁裁决业经仲裁地法院撤销或拒绝执行的,有关法院裁定不予认可。C项中,如果该仲裁裁决被人民法院裁定撤销,则该裁决在澳门法院不被认可,应立即停止执行。故C项正确。

该《安排》第3条第1款规定:"被申请人的住所地、经常居住地或者财产所在地分别在内地和澳门特别行政区的,申请人可以向一地法院提出认可和执行申请,也可以分别向两地法院提出申请。"本题中,被申请人乙公司在内地和澳门都拥有财产,甲公司可择一地法院申请,也可以分别向两地法院申请。故D项错误。

200. 涉澳仲裁裁决的认可和执行[CD]

[解析]《关于内地与澳门特别行政区相互认可和执行仲裁裁决的安排》第2条第2款规定:"内地有权受理认可仲裁裁决申请的法院为中级人民法院。两个或者两个以上中级人民法院均有管辖权的,当事人应当选择向其中一个中级人民法院提出申请。"因此,尽管乙公司在广东、上海和澳门均有财产,也只能选择一个法院提出申请。故A项错误。

该《安排》第1条规定:"内地人民法院认可和执行澳门特别行政区仲裁机构及仲裁员按照澳门特别行政区仲裁法规在澳门作出的民商事仲裁裁决,澳门特别行政区法院认可和执行内地仲裁机构依据《中华人民共和国仲裁法》在内地作出的民商事仲裁裁决,适用本安排。本安排没有规定的,适用认可和执行地的程序法律规定。"因此,只要是内地法院依法作出的民商事仲裁裁决,均有机会获得澳门法院的承认和执行,不限于国务院港澳办提供的名单内的仲裁机构。故B项错误。

该《安排》第3条规定:"被申请人的住所地、经常居住地或者财产所在地分别在内地和澳门特别行政区的,申请人可以向一地法院提出认可和申请执行,也可以分别向两地法院提出申请。当事人分别向两地法院提出申请的,两地法院都应当依法进行审查。予以认可的,采取查封、扣押或者冻结被执行人财产等执行措施。仲裁地法院应当先进行执行清偿;另一地法院在收到仲裁地法院关于经执行债权未获清偿情况的证明后,可以对申请人未获清偿的部分进行执行清偿。两地法院执行财产的总额,不得超过依据裁决和法律规定所确定的数额。"本题中仲裁地是内地,广东、上海和澳门为被申请人财产所在地,因此,甲公司分别向两地法院申请的,仲裁地法院即内地法院应当先执行清偿,澳门法院可就未获清偿部分执行清偿,两地执行的总额,不超过依裁决和法律规定所确定的数额。故C、D项正确。

201. 涉澳仲裁裁决的认可和执行[ABC]

[解析] 解答本题,首先要了解认可(承认)与执行的关系。认可仲裁裁决和执行仲裁裁决是两个既有联系又有区别的概念:一方面,认可是执行的前提条件;另一方面,认可并不一定意味着要执行,因为有些判决只需要认可而不必执行。《关于内地与澳门特别行政区相互认可和执行仲裁裁决的安排》第2条规定:"在内地或者澳门特别行政区作出的仲裁裁决,一方当事人不履行的,另一方当事人可以向被申请人住所地、经常居住地或者财产所在地的有关法院申请认可和执行。内地有权受理认可和执行仲裁裁决申请的法院为中级人民法院。两个或者两个以上中级人民法院均有管辖权的,当事人应当选择向其中一个中级人民法院提出申请。澳门特别行政区有权受理认可仲裁裁决申请的法院为中级法院,有权执行的法院为初级法院。"据此,内地有权受理认可和执行仲裁裁决的法院均为中院;澳门中院有权受理认可,初级法院有权执行。本题中,由于仲裁是在内地作出的,因此可以直接向内地中院申请执行;若向澳门法院申请执行,应当先经过中院的"认可"程序,然后才能向初级法院申请执行,因此应当先向澳门中院提出申请。故A、B项正确,D项错误。

该《安排》第3条第1款规定:"被申请人的住所地、经常居住地或者财产所在地分别在内地和澳门特别行政区的,申请人可以向一地法院提出认可和申请执行,也可以分别向两地法院提出申请。"故C项正确。

国际经济法 [答案详解]

专题十六　国际货物买卖

考点81　国际贸易术语

202．国际贸易术语；国际货物运输保险[ABCD]

[解析] FCA适用于各种运输方式，包括多式联运。故A项错误。

FCA术语下，买方没有办理保险的义务。故B项错误。

委付是一种转让保险标的的权利的做法，是指在保险标的出现推定全损时，若被保险人选择按全部损失求偿，可由被保险人将保险标的转让给保险人，而由保险人赔付全部的保险金额。对于委付，保险人可以接受，也可以不接受。故C项错误。

FCA术语意为"货交承运人（指定交货地点）"，货物的风险在指定地点交货时发生转移。本题中，甲公司已经在指定地点货交承运人，因此风险已经转移给乙公司，货物损失应当由乙公司承担，不能免于支付货款。故D项错误。

203．国际贸易术语；出口管制法[CD]

[解析] DPU术语意为"目的地卸货后交货（指定目的地）"，卖方必须在指定的目的地交货。这里的目的地可以是任何地点，不限于"运输终端"，卖方只须确保是能够卸货的地点即可，故B项错误。DPU术语中，买卖双方都没有订立保险合同的义务，但为了防范风险，卖方一般为了自己的利益办理保险，故A项错误。

按照《联合国国际货物销售合同公约》，卖方对所售货物有权利担保的义务，不能存在权利瑕疵。故C项正确。

《出口管制法》第16条第1款规定："管制物项的最终用户应当承诺，未经国家出口管制管理部门允许，不得擅自改变相关管制物项的最终用途或者向任何第三方转让。"故D项正确。

204．CIP术语[BC]

[解析] CIP意为"运费和保险费付至（指定目的地）"。（1）卖方的义务是：卖方必须提供符合销售合同的货物和单据；办理出口清关手续；办理运输手续和承担运费；办理投保手续和承担保险费；承担交货前货物灭失或损坏的一切风险。（2）买方的义务是：支付货物价款；办理进口手续；承担交货后货物灭失或损坏的一切风险。据此，CIP术语下，风险在装运地货交第一承运人时转移。故A项错误。货物的运输应由卖方（雷德公司）负责。故B项正确。

《2020年通则》中，CIP术语下卖方投保的险别有所提高；在没有约定的情况下，应该购买一切险；如果有约定，则按照约定。故C项正确，D项错误。

205．CIF术语；《联合国国际货物销售合同公约》[ABD]

[解析] CIF意为"成本、保险费加运费（指定目的港）"，只适用于海运和内河运输。CIF术语下，卖方必须在装运港将货物装上船，风险也自货物装上船时发生转移。本题中，该批瓷器已经运到乙国，说明已经在装运港装上船，风险也转移到了买方森德公司，森德公司有义务支付该批瓷器的货款，损失由其自行承担。故A项错误。

CIF术语下，卖方只有办理最低级别保险即平安险的义务。故B项错误，C项正确。【关联记忆】注意本术语与CIP术语险种的不同：《2020年通则》中CIP术语在卖方投保的险别上有所提高，无特殊约定的情况下，卖方应投保"一切险"。

买方应该按照约定或者在收到货物的合理时间内付款。在双方没有约定的情况下，验货不是付款的前提条件。故D项错误。

206．DPU术语；海上货物运输承运人的免责；信用证[B]

[解析] DPU意为"目的地卸货后交货（指定目的地）"，卖方必须在约定日期内在指定的目的地的约定地点交货，风险自在目的地卸下货物时转移。这里的目的地可以是任何地点，而不仅是"运输终端"；但如该地点不在运输终端，卖方应确保其打算交付货物的地点是能够卸货的地点。故B项正确。

DPU术语下，双方之间均无订立保险合同的义务。故A项错误。

信用证的本质是单据交易，即使货物已经全部灭失，甲公司也无权向银行下达止付通知。另外，银行有独立审单的权利，只要单据相符就应当支付款项，不受申请人意思表示的制约。故C项错误。

因天气原因造成的损失属于承运人的免责情形，故D项错误。

207．FCA术语[ACD]

[解析] 国际贸易术语中，只能适用于水运的包括四个：FOB、CIF、CFR、FAS，其余的七个术语（包括FCA）可以用于任何运输方式，包括多式联运。故A项正确，B项错误。

FCA 意为"货交承运人(指定交货地点)",货交第一承运人即完成交货,交货时(也即承运人收到货物时)风险即转移。故 C、D 项正确。

208．CFR 贸易术语;国际货物运输保险[A]

[解析] CFR 意为"成本加运费(指定目的港)",卖方在装船后应当给买方以充分的通知;否则,因此而造成买方漏保引起的货物损失应由卖方承担。甲公司在装船后未给乙公司以充分的通知,造成乙公司漏保,因此损失应由甲公司承担。故 A 项正确,D 项错误。

对于 CFR 术语,依《2000 年通则》,货物风险自越过船舷时转移;但依《2010 年通则》的规定,货物的风险是在货物装上船时转移,《2020 年通则》规定与此相同。由于本题中双方当事人没有约定适用的版本,所以无法确定具体的风险转移时间。故 B 项错误。

CFR 术语下,无论卖方还是买方均没有强制买保险的义务。一般来说,买方为了自己的利益,避免损失,应当投保。另结合 A 项解析,乙公司作为买方漏保,是因为甲公司未尽到通知义务,过错在甲公司。故 C 项错误。

209．CIF 贸易术语的风险转移;买卖双方各自的义务[ACD]

[解析] 根据《2020 年通则》,CIF 是成本、保险费加运费(指定目的港),卖方将货物运至船上即完成交货,但是卖方需支付将货物运至指定的目的地港所需的运费,并办理运输中的保险(最低险种,即平安险)。货物风险在装运港完成交货时转移。本题中,货物的风险在装运港完成交货时由 A 公司转移给 B 公司。故 A 项正确,B 项错误。另外,A 公司是卖方,故由 A 公司负责海运运输和保险。故 C、D 项正确。

考点 82 《联合国国际货物销售合同公约》的适用范围

210．格式合同;国际贸易术语与《联合国国际货物销售合同公约》的适用[C]

[解析] 该公约具有任意性,当事人如果仅一般性地约定合同适用某一缔约国的法律,则现有的判例表明,公约仍予以适用,除非当事人明确约定适用某一缔约国的某个法律时,才能排除公约的适用。因此,虽然两国均为公约缔约国,双方仍可以在合同中再选择适用其他法律以排除公约的适用。故 A 项错误。

格式合同既不是法律,在双方签字以前也不是真正的合同。格式合同只是贸易谈判的一方给另一方提供的建议性文本,在当事人签字前不具有约束力。经双方当事人的协商,可以对格式合同中的条文内容进行修改、删节或补充。故 B 项错误,C 项正确。

由于《联合国国际货物销售合同公约》适用的任意性,如当事人有其他规则的选择,则当事人的选择优先。因此,如果双方在合同中选择了贸易术语,则贸易术语优先适用,但由于贸易术语并没有解决所有的涉及货物买卖合同的问题,对于贸易术语未涉及的内容,还应当适用《联合国国际货物销售合同公约》。即贸易术语因选择而优先适用,但不排除该《公约》的整体适用。故 D 项错误。

211．国际贸易术语的 FOB[C]

[解析] 《国际贸易术语解释通则》需要指定才适用。本题中,双方在买卖合同中仅约定适用 FOB 术语,并没有确定哪个版本(2000 年、2010 年或 2020 年),因此"应当"适用《2020 年通则》的结论不对。故 A 项错误。

FOB 术语的货物风险,自卖方在装运港装上船时转移给买方,而非货交承运人时转移。故 B 项错误。

FOB 术语下由买方负责安排运输,买方的义务是负责订舱或租船、支付运费(海运费),并给予卖方关于船名、装船地点和要求交货时间的充分通知。故 C 项正确。

贸易术语的选择并不排除《联合国国际货物销售合同公约》的整体适用,只是在发生冲突时当事人选用的贸易术语优先适用。故 D 项错误。

212．FOB 术语;《1980 年公约》的适用[C]

[解析] 根据《2020 年通则》,FOB 术语下,买卖双方的风险转移以货物在装运港口装上船时为界。故 A 项错误。

贸易术语的选择并不排除《联合国国际货物销售合同公约》的整体适用,只是在发生冲突时当事人选用的贸易术语优先适用。故 B 项错误。

FOB 术语中卖方的义务有:(1)提供符合合同规定的货物及单证;(2)办理出口手续;(3)在装运港将货物装上买方指定的船舶并通知买方;(4)承担货物在装运港船上交货前的风险和费用。买方的义务有:(1)支付货款并接受卖方提供的单证;(2)办理进口手续;(3)租船或订舱并将船名和装货地点及时间给予卖方充分通知;(4)承担货物在装运港交货后的风险和费用。C 项中货物装船为卖方甲公司义务。故 C 项正确。D 项中订立运输合同为买方乙公司义务。故 D 项错误。

考点 83 要约承诺规则

213．要约与承诺[D]

[解析] 对于要约,受要约人的拒绝可以明示,也可以默示。默示的拒绝主要表现为对原要约内容的改变。甲公司 8 月 12 日的回复对原要约内容作出改变,已变成一个反要约,原要约失效。对于这个反要约,根据《联合国国际货物销售合同公约》第 18 条第 1 款规定:"被发价人声明或作出其他行为表示同意一

项发价,即是接受,缄默或不行动本身不等于接受。"乙公司未答复,即为拒绝,因此乙公司8月11日的要约失效,而甲公司于8月29日再次致电还是一个新的要约,此时合同未成立。故D项正确,A、B、C项错误。

考点84 买卖双方的权利义务

214．DPU 术语;《联合国国际货物销售合同公约》[AD]

[解析] 虽然科隆公司交付的电子设备和样品一致,但合同中明确约定了相关商品的规格,并且天明公司在收到样品后明确表示"请依照合同履行"。因此,本案中电子设备的质量应依照合同确定,样品并不构成产品的质量标准。科隆公司交付的设备不符合合同约定,应该承担违约责任。故A项正确,B项错误。

DPU 意为"目的地卸货后交货(指定目的地)",卖方必须在约定日期内在指定目的地的约定地点交货,风险自在目的地卸下货物时转移。故C项错误,D项正确。

215．《联合国国际货物销售合同公约》;CIF [D]

[解析] 由于《联合国国际货物销售合同公约》适用的任意性,如当事人有其他规则的选择,则当事人的选择优先,本题当事人选择了CIF贸易术语,因此,贸易术语应优先适用,但由于贸易术语并没有解决所有的涉及货物买卖合同的问题,因此,贸易术语未涉及的内容,还应当适用《联合国国际货物销售合同公约》。故A项错误。

在CIF术语下,是由卖方办理保险,但货物的风险在装运港卖方完成交货时,已由卖方转移给买方了,因此,途中的风险应由甲公司承担,而不是乙公司。故B项错误。

《联合国国际货物销售合同公约》规定了买方接收货物的义务,本案货物在目的港雨淋造成的损失是因为买方未履行接收义务导致损失扩大,该损失应由买方(甲公司)承担。故C项错误。

如果货物损失是由卖方包装不当所致,卖方(乙公司)违反了质量担保义务,应承担由此造成的货物损失。故D项正确。

216．国际货物买卖贸易术语中"FOB"术语的主要特征;国际货物销售合同的权利担保[C]

[解析] 根据《2020通则》,FOB 术语下,卖方并无签订货物运输合同并支付运费的义务,应由买方负责。故A项错误。

2010年版和2020年版贸易术语风险转移不再设定"船舷"界限,只强调卖方承担货物装上船为止的一切风险,FOB 中风险自货物在装运港口被装上船时

移。据此,甲、乙公司的风险承担以货物在装运港被装上船为界。故B项错误。

FOB 中卖方必须自付费用包装货物,依据《联合国国际货物销售合同公约》规定,货物应当按照同类货物通用的方式装箱或包装,如果没有此种通用方式,则按照足以保全和保护货物的方式装箱或包装。故C项正确。

卖方所交付的货物,必须是第三方不能依买方营业地或合同预期的货物销售或使用地的知识产权主张任何权利或要求的货物。中国是买方营业地,如该批设备侵犯了第三方在中国的专利权,甲公司应当承担责任。故D项错误。

217．国际货物买卖中买方的货物检验义务以及货物不符的处理[BD]

[解析]《联合国国际货物销售合同公约》第38条第1款规定:"买方必须在情况实际可行的最短时间内检验货物或由他人检验货物。"据此,不是依自己习惯的时间安排验货。故A项错误。

《联合国国际货物销售合同公约》第38条第3款规定:"如果货物在运输途中改运或买方须再发运货物,没有合理机会加以检验,而卖方在订立合同时已知道或理应知道这种改运或再发运的可能性,检验可推迟到货物到达新目的地后进行。"故B项正确。

《联合国国际货物销售合同公约》第39条规定:"(1)买方对货物不符合同,必须在发现或理应发现不符情形后一段合理时间内通知卖方,说明不符合同情形的性质,否则就丧失声称货物不符合同的权利。(2)无论如何,如果买方不在实际收到货物之日起二年内将货物不符合同情形通知卖方,他就丧失声称货物不符合同的权利,除非这一时限与合同规定的保证期限不符。""任何时间"说法是错误的。故C项错误。

如果货物不符在风险转移前已经存在,即使风险已经转移,卖方仍要承担货物不符的责任。故D项正确。

218．国际货物销售合同公约中卖方的知识产权担保义务[BCD]

[解析]《联合国国际货物销售合同公约》规定,卖方在下列两种情况下免除其知识产权担保义务:(1)买方在订立合同时已知道或不可能不知道此项权利或要求;(2)此项权利或要求的发生,是由于卖方遵照买方所提供的技术图样、图案、款式或其他规格的结果。由此可知,A项不属于卖方免责的情形,但B、C项则属于卖方免责的情况。故A项不当选,B、C项当选。

《联合国国际货物销售合同公约》第43条规定,买方的及时通知义务,即当买方已知道或理应知道第三方的权利或要求后一段合理时间内,应将此项权利

· 42 ·

或要求的性质通知卖方,否则就丧失了买方依公约本来可以得到的权利,即要求卖方承担辩驳第三方的权利。买方B公司订立合同后知道这批货物侵权但未在合理时间内及时通知A公司,使得B公司丧失要求A公司承担责任的权利。由此可知,D项属于卖方免责情形。故D项当选。

考点85 违约救济制度

219.违反合同的救济;《国际货物销售合同公约》的适用范围[B]

[解析]《国际货物销售合同公约》不调整货物致第三方损害的产品责任问题。故A项错误。

《国际货物销售合同公约》第71条(3)规定,中止履行的一方当事人不论是在货物发运前还是发运后,都必须通知另一方当事人,如经另一方当事人对履行义务提供充分保证,则中止履行的一方必须继续履行义务。故B项正确,D项错误。

《国际货物销售合同公约》第71条规定,一方当事人在履行合同的能力或信用方面存在严重缺陷,或者表明将不能履行合同中的大部分重要义务,对方当事人可以采取中止履行义务的措施。如果满足上述条件,乙公司可以直接采取中止履行行为。故C项错误。

220.国际货物买卖合同的要约与承诺;预期违约[C]

[解析]《联合国国际货物销售合同公约》第19条规定,有关货物价格、付款、货物质量和数量、交货地点和时间、一方当事人对另一方当事人的赔偿责任范围或解决争端等的添加或不同条件,均视为在实质上变更发价的条件。故乙公司变更付款方式为实质性的变更合同,甲公司同意了该变更,因此,乙公司应以货到后30天付款的方式支付货款。故A项错误。

《联合国国际货物销售合同公约》第71条第1款规定:"如果订立合同后,另一方当事人由于下列原因显然将不履行其大部分重要义务,一方当事人可以中止履行义务:(a)他履行义务的能力或他的信用有严重缺陷;或(b)他在准备履行合同或履行合同中的行为。"这是对预期违约的规定。依据该条款,甲方应履行第二份合同时,已得知乙方资金紧张,且对第一份合同已构成违约,可以此推断乙方不能继续履行第二份合同的义务,故甲方可以中止履行发货的义务,此不构成违约。故B项错误。

《联合国国际货物销售合同公约》第71条第3款规定:"中止履行义务的一方当事人不论是在货物发运前还是发运后,都必须立即通知另一方当事人,如经另一方当事人对履行义务提供充分保证,则他必须继续履行义务。"根据该条款,甲方停止发货应通知乙方。故C项正确。如果乙方提供了付款保证,甲方

须发货。故D项错误。

221.《联合国国际货物销售合同公约》中解除合同的法律后果[AD]

[解析]《联合国国际货物销售合同公约》第81条第1款:"宣告合同无效解除了双方在合同中的义务,但应负责的任何损害赔偿仍应负责。宣告合同无效不影响合同中关于解决争端的任何规定,也不影响合同中关于双方在宣告合同无效后权利和义务的任何其他规定。"因此,宣告合同无效解除了甲乙公司在合同中的义务,故A项正确。但是甲公司的损害赔偿责任并未解除,故B项错误。双方在合同中约定的争议解决条款不受合同无效的影响,故C项错误。

该《联合国国际货物销售合同公约》第84条第1款:"如果卖方有义务归还价款,他必须同时从支付价款之日起支付价款利息。"故D项正确。

222.国际货物买卖中买卖双方的免责事项[AD]

[解析]《联合国国际货物销售合同公约》规定,买卖双方违约责任的免责条件包括:

(1)不履行必须是由于当事人不能控制的障碍所致,如战争、禁运、风暴、洪水等;(2)这种障碍是不履行一方在订立合同时不能预见的;(3)这种障碍是当事人不能避免或不能克服的。题中乙公司遇到无法预见与不能克服的障碍,无法履行合同,可以适用免责的规定。免责意味着不违约。故C项错误。

乙公司可以解除合同,但应把障碍及其影响及时通知甲公司。故A项正确。

乙公司的不通知行为已经给甲公司造成了损害,因此,甲公司有权就乙公司未通知有关情况而遭受的损失请求赔偿。故B项错误,D项正确。

考点86 国际货物买卖合同的风险转移

223.《联合国国际货物销售合同公约》中的权利担保义务和货物风险的转移[AC]

[解析]《联合国国际货物销售合同公约》第42条要求卖方承担知识产权担保义务仅及于两个地方:买方营业地和合同预期的转售或使用地,不包括卖方营业地,本题买方乙公司的营业地和转售地均在中国,故A项正确,B项错误。

《联合国国际货物销售合同公约》第68条明确运输途中销售的货物,其风险原则上自双方订立合同时转移。故C项正确,D项错误。

专题十七 国际货物运输与保险

考点87 提单和无单放货责任

224.倒签提单;预借提单;信用证欺诈[BD]

[解析]A、B项考查预借提单和倒签提单区别。

这两种虚假提单的区别在于作假的对象不同：预借提单是在"状态"上作假，本身没有装船，但签发了已装船提单。倒签提单是在"时间"上作假，如本题中，本来是7月15日装船，但签发了7月1日装船的提单。因此，本案提单属于倒签提单，A项错误，B项正确。

根据我国司法解释的规定，即使存在欺诈，但如果保兑行已经善意付款，则法院不应作出中止支付的裁定。故C项错误，D项正确。**【思路拓展】**保兑行善意付款，可以理解为善意第三人，不能中止支付损害善意第三人利益。

225．信用证机制中的提单；承运人的义务及其免责[ACD]

[解析]《关于审理无正本提单交付货物案件适用法律若干问题的规定》第10条规定："承运人签发一式数份正本提单，向最先提交正本提单的人交付货物后，其他持有相同正本提单的人要求承运人承担无正本提单交付货物民事责任的，人民法院不予支持。"故A项正确。

该《规定》第9条规定："承运人按照记名提单托运人的要求中止运输、返还货物、变更到达地或者将货物交给其他收货人，持有记名提单的收货人要求承运人承担无正本提单交付货物民事责任的，人民法院不予支持。"据此，本条的免责仅限于记名提单，而本题已经明确是指示提单，不适用免责的规定。故B项错误。

该《规定》第7条规定："承运人依照提单载明的卸货港所在地法律规定，必须将承运到港的货物交付给当地海关或者港口当局，不承担无正本提单交付货物的民事责任。"故C项正确。

该《规定》第8条规定："承运到港的货物超过法律规定期限无人向海关申报，被海关提取并依法变卖处理，或者法院依法裁定拍卖承运人留置的货物，承运人主张免除交付货物责任的，人民法院应予支持。"故D项正确。

226．提单的转让；承运人的责任[C]

[解析] 提单种类中：(1)记名提单一般不能转让；(2)不记名提单无须背书即可转让；(3)指示提单必须背书转让。本题中，根据提单收货人一栏写明"凭指示"可以判断，该提单为指示提单。指示提单转让必须经过记名背书或者空白背书，非经背书不能转。故A项错误。

《关于审理无正本提单交付货物案件适用法律若干问题的规定》第11条规定："正本提单持有人可以要求无正本提单交付货物的承运人与无正本提单提取货物的人承担连带赔偿责任。"本题中，承运人为乙公司，无单提货人为丙公司，甲公司可以要求乙公司与丙公司承担连带责任，既可要求乙公司赔偿，也可要求丙公司赔偿。故B项错误。

该《规定》第13条规定："在承运人未凭正本提单交付货物后，正本提单持有人与无正本提单提取货物的人就货款支付达成协议，在协议款项得不到赔付时，不影响正本提单持有人就其遭受的损失，要求承运人承担无正本提单交付货物的民事责任。"本题中，甲公司与丙公司达成了协议，但丙公司的破产使得该赔付无法实现，不影响甲公司要求承运人乙公司承担责任。故C项正确。

该《规定》第4条规定："承运人因无正本提单交付货物承担民事责任的，不适用海商法第五十六条关于限制赔偿责任的规定。"本题中，乙公司因无单放货造成的损失承担不适用责任限制规定。故D项错误。

227．无正本提单交付货物[B]

[解析]《关于审理无本正提单交付货物案件适用法律若干问题的规定》第3条规定："承运人因无正本提单交付货物造成正本提单持有人损失的，正本提单持有人可以要求承运人承担违约责任，或者承担侵权责任。正本提单持有人要求承运人承担无正本提单交付货物民事责任的，适用海商法规定；海商法没有规定的，适用其他法律规定。"故A项错误，应优先适用海商法规定。B项正确。

该《规定》第6条规定："承运人因无正本提单交付货物造成正本提单持有人损失的赔偿额，按照货物装船时的价值加运费和保险费计算。"故C项错误。

该《规定》第11条规定："正本提单持有人可以要求无正本提单交付货物的承运人与无正本提单提取货物的人承担连带赔偿责任。"故甲公司与丙公司应对乙公司承担连带赔偿责任。故D项错误。

考点88　海上货物运输承运人的责任与免责

228．《海牙规则》中承运人的免责事项；我国对于无正本提单交货的有关规定[C]

[解析] 依据《海牙规则》，因雷击属于自然灾害，属于承运人免责范围，甲公司不对该部分货损承担赔偿责任。故A项错误。

《关于审理无正本提单交付货物案件适用法律若干问题的规定》第4条规定："承运人因无正本提单交付货物承担民事责任的，不适用海商法第五十六条关于限制赔偿责任的规定。"故B项错误。

该《规定》第11条规定："正本提单持有人可以要求无正本提单交付货物的承运人与无正本提单提取货物的人承担连带赔偿责任。"故C项正确。

该《规定》第6条规定："承运人因无正本提单交付货物造成正本提单持有人损失的赔偿额，按照货物装船时的价值加运费和保险费计算。"故D项错误。

考点89　其他国际货物运输法律制度

229．卖方的知识产权担保义务；国际货物买卖风险转移；承运人责任[A]

[解析]《联合国国际货物销售合同公约》第42条规定了卖方知识产权担保的义务，它是指卖方所交付的货物必须是第三方不能依工业产权或其他知识产权主张任何权利或要求的货物。同时，对该项义务也进行了某些限制：(1)地域限制：①在货物使用地或转售地国侵权，赔偿须合同约定。如果双方在签订合同时，没有规定货物的最终使用地或转卖地，则卖方不承担知识产权担保义务(可预见，才赔)。本题中的乙国虽然是转售地，但并没有在合同中体现，即侵权是卖方不可预见的，所以伟业公司不承担该批货物在乙国的知识产权担保义务。故A项正确。②在买方营业地所在国侵权，应当赔偿。(2)主观限制：①买方在订立合同时已知道或不可能不知道此项权利或要求，免责；②此项权利或要求的发生是由于卖方遵照买方所提供的技术图样、图案、款式或其他规格的结果，免责。

《联合国国际货物销售合同公约》第67、68条规定，货物在交付时风险转移。运输在途的货物，其风险在合同成立时发生转移。本题中并没有具体说明该批货物属于运输在途的情况，所以判断其订立合同时起风险转移是不正确的。故B项错误。

《国际铁路货物联运协定》的规定，铁路承运人的责任期间从签发运单时起至终点交付货物时止。故C项错误。

《国际铁路货物联运协定》的规定，不同运输区段的承运人之间的责任清算规则是：(1)损失是由于一个承运人的过失造成，则该承运人负完全责任；(2)损失是由于参加运送的数个承运人的过失造成，则每一承运人各自对其造成的损失负责；(3)不能证明损失是因一个或数个承运人过失所造成，则承运人应商定责任分担办法，不能商定责任分担办法，则承运人间的责任按该批货物在各承运人进行运送时实际行经的运价公里比例分担，但能够证明损失不是由其过失所造成的承运人除外。故D项错误。

230．贸易术语；铁路货物运输[CD]

[解析]承运人应依货物运输合同的规定将货物安全地运至目的地。《关于铁路货物运输的国际公约》规定，按运单承运货物的铁路部门应对货物负连带责任。故A项错误，D项正确。

铁路运单是承运货物的凭证，不是物权凭证，不能流转。故B项错误。

DAP术语，卖方只需在指定目的地把货物置于买方控制下即完成交货，无须卸货。故C项正确。

考点90　国际海上货物运输保险

231．国际贸易术；海牙规则；海洋货物运输保险[ACD]

[解析]CIF术语中，卖方有投保义务，且在没有特殊约定的情况下，只需投保最低险(平安险)。故A项正确。

平安险承保自然灾害造成的整批货物的全损，以及意外事故造成的货物全部或部分损失，不承保自然灾害造成的货物部分损失。船舶碰撞在海上风险中属于意外事故，属于平安险的赔偿范围。故B项错误。

根据《海牙规则》，承运人对航行过失带来的货损免责。故C项正确。

在CIF术语下，该批货物经过卖方投保，意外事故属于保险赔偿范围，因此保险人应予赔偿。故D项正确。

232．CIF术语；承认人的免责；水渍险[C]

[解析]CIF，意为"成本，保险费加运费(指定目的港)"。根据《2020年通则》，CIF术语中卖方有义务为货物购买保险，具体险种有约定的从约定，无约定的只购买平安险即可。既然双方已经约定购买水渍险，那就应当按照约定购买水渍险。故A项错误。【特别提醒】在《2020年通则》中，对此术语的保险险种要求并没有变化。

根据《海牙规则》，承运人对运输过程中因为自然灾害(天灾)造成的货物损失免责，故B项错误。【思路拓展】可根据民法归责原则，因自然灾害造成损失，承运人无过错，当然无需承担责任。

在水渍险中，保险公司对于因自然灾害造成的部分货物损失应该承担责任。本题中遭遇了恶劣天气，属于水渍险保险范围，保险公司应当赔偿。故C项正确。【知识拓展】平安险VS水渍险：(1)平安险承保自然灾害造成的整批货物的全损，以及意外事故造成的货物全部或部分损失，不承保自然灾害造成的货物部分损失，也就是"单独海损不赔"。(2)水渍险的责任范围除了包括"平安险"的各项责任外，还负责被保险货物由于自然灾害所造成的部分损失，也就是说，水渍险=平安险+单独海损。

CIF术语下货物的风险在货物交到船上时发生转移，也即风险在装运地由卖方转移给买方，由买方承担运输途中的风险。在本题中风险发生在运输途中，买方应该自行承担该风险，无权要求减价。故D项错误。【关联记忆】国际贸易属于的风险转移点：除了D组术语在目的地转移风险(途中风险由卖方承担)，其余均在装运地(途中风险由买方承担)。

233．提单的种类；水渍险；承运人免责[C]

[解析]按收货人抬头一栏的不同，提单分为记

名提单、不记名提单和指示提单。收货人一栏写明"凭指示"的字样的提单为指示提单,此类提单交付且背书的方可转让。故 A 项错误。

《海牙规则》规定的承运人免责事由,承运人对于驾驶船舶和管理船舶中的过失所造成的损失不承担责任。所以即使由于过失造成了碰撞,承运人仍旧可以免责。故 B 项错误。

水渍险承保海上风险造成的全部和部分损失。途中因船方过失致货轮与他船相撞,部分仪器受损,属于水渍险的保险范围。故 C 项正确。

《海牙规则》规定,承运人的责任期间是从货物装运上船时起至卸下船时止。故 D 项错误。

234.《海牙规则》;提单种类;海上货物运输保险[D]

[解析] 本案中,因生产过程中水份大,导致啤酒变质属于卖方过错,承运人无过失可以免责。故 A 项错误,D 项正确。

本案货物损失属于保险标的物的本身缺陷所致,属于保险除外责任,保险公司无赔偿责任。故 B 项错误。

本题中提单上的收货人一栏写明"凭指示",因此为指示提单,可转让但需要通过背书和交付才能完成。故 C 项错误。

235.承运人免责情形;国际货物运输保险;无正本提单放货的赔偿责任[AB]

[解析]《海牙规则》第 4 条第 2 款规定,承运人对货物在责任期间所发生的灭失或损坏是否负责,依其本人、船长、船员、其他受雇人或代理人有无过失而定,有过失便应负责,无过失便可免责;但作为例外,如果货物的灭失或损坏系船长、船员、其他受雇人或代理人在驾驶船舶或管理船舶中的过失所致,或者由于他们的过失所引起的火灾所致,承运人仍可免责。因此,"清田"号过失与他船相碰致第一批货物受损,承运人可以免除责任。故 A 项正确。

本题中,货物投保的险别为平安险。平安险不承担单纯自然灾害引起的货物的单独海损。本题中第一批货物的损失是由意外事故引起的,故碰撞导致第一批货物的损失属于保险公司赔偿的范围。故 B 项正确。

《关于审理无正本提单交付货物案件适用法律若干问题的规定》第 4 条规定:"承运人因无正本提单交付货物承担民事责任的,不适用海商法第五十六条关于限制赔偿责任的规定。"故 C 项错误。

《关于审理无正本提单交付货物案件适用法律若干问题的规定》第 6 条规定:"承运人因无正本提单交付货物造成正本提单持有人损失的赔偿额,按照货物装船时的价值加运费和保险费计算。"故 D 项错误。

236.共同海损;单独海损;平安险的承保范围;承运人的免责事项;保险人的除外责任[AB]

[解析] 共同海损,是指在同一海上航程中,船舶、货物和其他财产遭遇共同危险,为了共同安全,有意地、合理地采取措施所直接造成的特殊牺牲、支付的特殊费用。本题 A 项为起浮抛弃货物造成的损失符合共同海损的特点,故 A 项正确。

单独海损是指保险标的物在海上遭受非人为的意外原因所造成的部分灭失或损害。因恶劣天气部分货物被打入海中的损失属于自然原因造成的单独海损。故 B 项正确。

CIF 术语下若无约定,卖方只需办理最低险种即平安险。平安险又称"单独海损不赔",责任范围主要包括自然灾害造成的全部损失、意外事故造成的全部损失和部分损失、共同海损等。本题中货物投保了平安险,故此保险人应当赔偿共同海损,但不赔偿因恶劣天气造成的单独海损。故 C 项错误。

《海牙规则》下承运人实行不完全过失免责,保险人的除外责任有:(1)被保险人的故意行为或过失所造成的损失;(2)属于发货人责任所引起的损失;(3)在保险责任开始前,被保险货物已存在的品质不良或数量短差所造成的损失;(4)被保险货物的自然损耗、本质缺陷、特性以及市场跌落、运输延迟所引起的损失或费用。固有缺陷损失属于保险人的除外责任。因此,承运人对因固有缺陷损失的货物免责,保险人也不承担赔偿责任。故 D 项错误。

237.国际运输保险中的水渍险的承保范围[BD]

[解析] 平安险承保海上风险造成的全部和部分损失,但是单纯由于自然灾害造成的单独海损不保。水渍险:承保海上风险造成的全部和部分损失。水渍险的责任范围除平安险各项责任外,还负责被保险货物由于恶劣气候、雷电、海啸、洪水等自然灾害所造成的部分损失。

运输中因串味而导致的损失,属于一切险的承保范围,不属于水渍险承保范围。故 A 项错误。

运输中因"天然"号过失与另一轮船相撞造成的货损,属于意外事故致损,包含于水渍险承保范围。故 B 项正确。

运输延迟造成的货损属于海洋货物运输保险的除外责任,保险公司可以免责。故 C 项错误。

运输中因遭遇台风造成部分货损,属于恶劣气候等自然灾害所造成的损失,属于水渍险承保范围。故 D 项正确。

238.FOB;《联合国国际货物销售合同公约》的风险转移和卖方的义务;平安险的承保范围[ABCD(原答案为 B)]

[解析] 根据《2020 年通则》,FOB 术语下的交货

· 46 ·

地点为装运港船上交货,即卖方在装运港将货物置于买方指定的船上交货,货物风险也自装运港装上船时转移。据此,FOB要求卖方将货物装上船从而完成交货,这和交承运人是不同的,前者要求整个装货工作完成,后者是交给承运人,但装货工作还没有开始。故A、B项错误。

本题中合同卖方有交货后一年质保的约定,这属于卖方的质量担保,因此虽然货物风险已经转移,但不影响合同约定的质量保证义务的履行。故C项错误。

本题中货物在海运途中因天气恶劣部分毁损属于自然灾害导致的单独海损,不在平安险的承保范围内,保险公司有权拒赔。故D项错误。

【旧题新解】本题是2010年试题,当时考查的是《2000年通则》,但现行大纲已将其删除,因此本题以《2020年通则》作答。对于FOB术语的风险转移,《2000年通则》规定的是以货物越过船舷为界,因此原本B项正确;但是,《2010年通则》取消了船舷的概念,改为货物交到船上时风险转移,《2020年通则》延续了此规定。因此,根据新的通则,本题无答案,遂改编为多选题。

239．国际货物运输保险;CIF术语[A]

[解析] 本案中采用CIF术语,由卖方负责办理保险并支付运费,在当事人没有其他约定的情况下,卖方只需为买方办理最低险种即平安险。平安险承保海上风险造成的货物全部和部分损失,但单纯由于自然灾害造成的单独海损不保。运送西服的海轮在海上因雷击失火导致西服全部烧毁,该损失属于自然灾害导致的货物全损,在平安险的承保范围之内,因此,乙公司可向保险公司提出索赔。故A项正确。

【关联记忆】注意本术语与CIP术语险种的不同。《2020通则》中CIP术语在卖方投保的险别上有所提高,无特殊约定的情况下,卖方应投保"一切险"。

根据CIF术语,货物风险自装运港货物装上船时转移至卖方,因此,对于该批货物的损失应由乙公司承担,向保险公司或承运人的索赔也应由乙公司提出,且乙公司对货损没有向甲公司索赔的权利。故B、C项错误。

本案货物损失缘于自然灾害,承运人无过失。根据《海牙规则》,承运人对货物损失无过失可免除赔偿责任。故D项错误。

专题十八 国际贸易支付

考点91 跟单托收

240．托收中银行的责任与免责[C]

[解析]《托收统一规则》第11条规定,托收行对代收行的不作为或不合理行为不负赔偿责任,后果由委托人自担。故A项错误。

《托收统一规则》明确了银行的免责事项:"……(4)除非事先征得银行同意,货物不应直接送交银行或以银行为收货人,否则银行无义务提取货物。银行对于跟单托收项下的货物无义务采取任何措施。(5)在汇票被拒绝承兑或拒绝付款时,若托收指示书上无特别指示,银行没有制作拒绝证书的义务。"依据第(5)项可知,当付款人(维塞公司)拒付时,代收行没有主动制作拒绝证书的义务。故B项错误。依据第(4)项可知,维塞公司拒绝提货时,代收行也无义务提货。故D项错误。

《托收统一规则》第26条第3款规定,提示行必须向对其发出托收指示的银行毫不迟延的发出被拒绝付款的通知或被拒绝承兑的通知。故C项正确。

考点92 信用证的种类、当事人及法律关系

241．保兑信用证;保兑行的保兑义务[BD]

[解析] UCP600第6条c项规定:"信用证不得开成凭以申请人为付款人的汇票兑用。"在信用证项下,汇票上的付款人只能是银行,一般是开证行或开证行指定的银行,不会是乙公司。故A项错误。

保兑行自对信用证加以保兑时起,其承担的责任就相当于本身开证,不论开证行发生什么变化,保兑行都不得片面撤销其保兑。因此,保兑行的保兑义务并不因开证行的破产而免除。故B、D项正确,C项错误。

考点93 信用证下银行的责任与免责

242．无单放货;信用证;一切险[D]

[解析]《关于审理无正本提单交付货物案件适用法律若干问题的规定》第6条规定:"承运人因无正本提单交付货物造成正本提单持有人损失的赔偿额,按照货物装船时的价值加运费和保险费计算。"承运人无单放货的赔偿责任的范围为CIF价,不包含利润损失。故A项错误。

一切险的保险承保海上风险造成的全部和部分损失以及11种一般附加险,不包括承运人无单放货造成的损失。故B项错误。

《关于审理信用证纠纷案件若干问题的规定》第5条规定:"开证行在作出付款、承兑或者履行信用证项下其他义务的承诺后,只要单据与信用证条款、单据与单据之间在表面上相符,开证行应当履行在信用证规定的期限内付款的义务。当事人以开证申请人与受益人之间的基础交易提出抗辩的,人民法院不予支持。具有本规定第八条的情形除外。"除存在信用证欺诈外,单证相符、单单相符的,开证行应当履行付款义务。故C项错误,D项正确。

243．国际货物运输与保险；信用证[C]

[解析]《海牙规则》第4条第2款规定，对由于天灾原因引发或造成的货物灭失或损害，承运人不负责任。题中"货物途中遇台风全损"，属于天灾的情况，承运人免责。故A项错误。

原则上银行只受"单证相符""单单相符"的约束，即只要单据和信用证表面相符，开证行应付款。故B项错误。

本题投保了平安险，平安险承保的范围包括被保险货物在运输途中由于自然灾害造成的整批货物的全部损失或推定全损。本题中货物因台风全损属于平安险承保范围，保险公司应该赔偿甲公司货物的损失。故C项正确。

丙银行作为保兑行，自对信用证加具保兑起即不可撤销地承担承付或议付的责任。故D项错误。

244．国际货物买卖合同双方的义务；信用证[AC]

[解析]《联合国国际货物销售合同公约》第35条第(1)款规定："卖方交付的货物必须与合同规定的数量、质量和规格相符，并需按照合同所规定的方式装箱或包装。"否则，卖方应当承担交货不符的责任。故A项正确。

《跟单信用证统一惯例》规定，在受益人交付的单据与信用证规定一致(单证一致)、单据与单据之间一致(单单一致)时，银行须根据信用证兑用的类型履行相应的义务。当指定银行、保兑行或开证行确定交单不符时，可以拒绝承付或议付。所以，如果发票跟信用证不符，银行可以拒绝收单付款。故C项正确。

《跟单信用证统一惯例》第34条规定，银行对于单据中表明的货物描述、数量、重量、品质、状况、包装、交货、价值或其存在与否，对于货物的发货人、承运人、运输代理人、收货人、保险人或其他任何人的诚信与否，作为、不作为、清偿能力、履约或资信状况，概不负责。故B、D项错误。

245．跟单信用证中的开证行责任[ABCD]

[解析]《跟单信用证统一惯例》第7条a款规定，只要规定的单据提交给指定银行或开证行，并且构成相符交单，则开证行必须承付，具体有以下几种情形：(1)信用证规定由开证行即期付款、延期付款或承兑；(2)信用证规定由指定银行即期付款但其未付款(D项符合)；(3)信用证规定由指定银行延期付款但其未承诺延期付款，或虽已承诺延期付款，但未在到期日付款(B项符合)；(4)信用证规定由指定银行承兑，但其未承兑以其为付款人的汇票，或虽然承兑了汇票，但未在到期日付款(C项符合)；(5)信用证规定由指定银行议付但其未议付(A项符合)。故A、B、C、D项都正确。

考点94 信用证欺诈及例外原则

246．信用证"软条款"[AC]

[解析]信用证"软条款"，是指在信用证中列入一些限制信用证生效的条件、或限制开证行付款的条件、或卖方难以实现的装运限制等，目的是使开证行在"单证、单单表面相符"下也无法履行付款义务，最终由开证申请人控制整笔交易。A项"禁止转船"属于卖方难以实现的装运限制，C项"开证行须在货物经检验合格后方可支付"属于限制开证行付款的条件，其共同特点是使开证行在"单证、单单表面相符"下也无法履行付款义务，属于信用证"软条款"，故A、C项正确。

要求受益人提交已装船提单属于信用证中对单据的正常要求，不属于"软条款"，故B项错误。

信用证一旦经保兑，即意味着开证行和保兑行对受益人承担"单证、单单表面相符"的连带付款责任，结果是增强了信用证的偿付效力，也不属于"软条款"，故D项错误。

247．《关于审理信用证纠纷案件若干问题的规定》[A]

[解析]《关于审理信用证纠纷案件若干问题的规定》第10条规定："人民法院认定存在信用证欺诈的，应当裁定中止支付或者判决终止支付信用证项下款项，但有下列情形之一的除外：(一)开证行的指定人、授权人已按照开证行的指令善意地进行了付款；(二)开证行或者其指定人、授权人已对信用证项下票据善意地作出了承兑；(三)保兑行善意地履行了付款义务；(四)议付行善意地进行了议付。"故A项正确，B、C、D项错误。

248．国际贸易支付中信用证的不符点；信用证欺诈以及信用证的止付[B]

[解析] 根据UCP600，单证或单单不符时，银行可以自行联系开证申请人，如接到开证申请人放弃不符点的通知，银行可以释放单据，根据法律行为独立性也可以拒付，并不必须承担付款责任。因此，丙银行并非必须承担付款责任。故A项错误。

《关于审理信用证纠纷案件若干问题的规定》第8条规定："凡有下列情形之一的，应当认定存在信用证欺诈：(一)受益人伪造单据或者提交记载内容虚假的单据；(二)受益人恶意不交付货物或者交付的货物无价值；(三)受益人和开证申请人或者其他第三方串通提交假单据，而没有真实的基础交易；(四)其他进行信用证欺诈的情形。"本题中乙公司是信用证受益人，乙公司交付的货物无价值，属于信用证欺诈的情形。故B项正确。

《关于审理信用证纠纷案件若干问题的规定》第9条规定，在银行付款或者承兑以前，发现确凿证据

(申请人应当提供担保),开证申请人、开证行或其他利害关系人可以请求有管辖权的法院向银行颁发止付令。本题中,丁银行已经善意付款,所以法院不应当裁定丙银行中止支付。故 C 项错误。

单证或单单不符时,银行可以自行联系开证申请人,而不是有义务联系甲公司征询是否接受不符点。故 D 项错误。

249. 信用证欺诈的除外情形;信用证的止付
[ABCD]

[解析]《关于审理信用证纠纷案件若干问题的规定》第 10 条规定:"人民法院认定存在信用证欺诈的,应当裁定中止支付或者判决终止支付信用证项下款项,但有下列情形之一的除外:(一)开证行的指定人、授权人已按照开证行的指令善意地进行了付款;(二)开证行或者其指定人、授权人已对信用证项下票据善意地作出了承兑;(三)保兑行善意地履行了付款义务;(四)议付行善意地进行了议付。"故 A、B、C、D 项都正确。

250. 信用证欺诈例外;信用证纠纷的法律适用
[B]

[解析]《关于审理信用证纠纷案件若干问题的规定》第 10 条规定:"人民法院认定存在信用证欺诈的,应当裁定中止支付或者判决终止支付信用证项下款项,但有下列情形之一的除外:(一)开证行的指定人、授权人已按照开证行的指令善意地进行了付款;(二)开证行或者其指定人、授权人已对信用证项下票据善意地作出了承兑;(三)保兑行善意地履行了付款义务;(四)议付行善意地进行了议付。"据此,信用证下任何一家银行已经善意地付款或承兑,法院就不可裁定或判决止付信用证。本案中指定行已经善意支付了信用证项下的款项,因此,中国法院不得作出禁止支付令,中国丙银行有付款义务。故 A、C 项错误,B 项正确。

《跟单信用证统一惯例》只调整信用证下各方当事人之间的关系,不调整信用证以外的其他法律关系。本案中,丁银行只是甲公司(开证申请人)的开证保证人,并非信用证法律关系中的当事人,其与甲公司之间的担保关系不适用《跟单信用证统一惯例》,故 D 项错误。

专题十九 对外贸易管理制度

考点 95 对外贸易法

251. 对外贸易经营的资格[ABCD]

[解析]《对外贸易法》第 8 条规定:"本法所称对外贸易经营者,是指依法办理工商登记或者其他执业手续,依照本法和其他有关法律、行政法规的规定从事对外贸易经营活动的法人、其他组织或者个人。"该法在 2004 年修订时将可以从事外贸的主体扩大到自然人。故 A 项错误。

2022 年 12 月 30 日修改的《对外贸易法》删除了原第 9 条,取消了对外贸易经营者的备案登记制,自此,对外贸易经营者可以自动取得对外贸易经营资格,无须向国务院主管部门办理备案登记(更无须审批),故 B、D 项错误。取得对外贸易经营资格没有资金方面的限制,故 C 项错误。【旧题新解】2022 年《对外贸易法》的修改只有一项内容,即删除第 9 条,取消备案登记制,精简了对外贸易经营者相关手续办理流程,复习中要加以注意。

| 法条变更 | 《中华人民共和国对外贸易法》根据 2022 年 12 月 30 日《全国人民代表大会常务委员会关于修改〈中华人民共和国对外贸易法〉的决定》第二次修正 |

考点 96 出口管制法

252. 国际贸易术语;联合国国际货物销售合同公约;出口管制法[B]

[解析] CIP 术语意为"运费和保险费付至(指定目的地)",适用于多种运输方式,这里的目的地并不限于装运港,而是可以是当事人约定的任何交货地点。故 A 项错误。

根据《联合国国际货物销售合同公约》,中止履行的一方当事人无论是在货物发运前还是发运后,都必须通知另一方当事人,如另一方当事人对履行义务提供充分保证,则中止履行的一方必须继续履行义务。故 B 项正确。

《出口管制法》第 15 条规定:"出口经营者应当向国家出口管制管理部门提交管制物项的最终用户和最终用途证明文件,有关证明文件由最终用户或者最终用户所在国家和地区政府机构出具。"据此,有关证明文件应由乙公司或其所在国家 F 国政府机构出具,故 C 项错误。

在《2020 年通则》中,CIP 术语在卖方投保的险别上有所提高,需要投保的险别相当于"一切险",而非只需投保最低险别"平安险"。故 D 项错误。

253.《出口管制法》;CFR 贸易术语[B]

[解析] CFR 术语的交货地点为装运港,卖方应将货物在装运港装上船从而完成交货,风险也在货物交到船上时发生转移。广州某仓库是货物运输前的存放地,并非交货地点,故 A 项错误。CFR 术语中,卖方负责支付将货物运至指定目的港的运费,而保险则由买方自行购买,买方可自行选择投保的险种,但购买保险不是买方的义务,买方也可不购买保险。故 C 项错误。

根据《出口管制法》第 2 条规定,两用物项属于管制物项,受到出口管制。《出口管制法》第 12 条第 2 款规定:"出口管制清单所列管制物项或者临时管制物项,出口经营者应当向国家出口管制管理部门申请许可。"甲公司作为出口经营者,应为该批货物的出口申请许可。故 B 项正确。

《出口管制法》第 16 条第 1 款规定:"管制物项的最终用户应当承诺,未经国家出口管制管理部门允许,不得擅自改变相关管制物项的最终用途或者向任何第三方转让。"故 D 项错误。

254．对外贸易经营者的资格;出口管制措施[CD]

[解析] 根据《对外贸易法》第 8 条规定,本法所称对外贸易经营者,是指依法办理工商登记或者其他执业手续,依照本法和其他有关法律、行政法规的规定从事对外贸易经营活动的法人、其他组织或者个人。据此,外贸经营者包括自然人。故 A 项错误。

2022 年修改的《对外贸易法》取消了对外贸易经营者的备案登记制,对外贸易经营者可以自动取得对外贸易经营资格,B 项表述需要经过审批,不符合法律规定,故 B 项错误。

根据《出口管制法》第 12 条规定,国家对管制物项的出口实行许可制度。出口管制清单所列管制物项或者临时管制物项,出口经营者应当向国家出口管制管理部门申请许可。故 C 项正确。

根据《出口管制法》第 16 条第 1 款规定,管制物项的最终用户应当承诺,未经国家出口管制管理部门允许,不得擅自改变相关管制物项的最终用途或者向任何第三方转让。故 D 项正确。

考点 97 反倾销措施

255．反倾销调查;反倾销措施[C]

[解析]《反倾销条例》第 21 条规定:"商务部进行调查时,利害关系方应当如实反映情况,提供有关资料。利害关系方不如实反映情况、提供有关资料的,或者没有在合理时间内提供必要信息的,或者以其他方式严重妨碍调查的,商务部可以根据已经获得的事实和可获得的最佳信息作出裁定。"这里的利害关系方包含了申请人,在申请人提供虚假材料的情况下,商务部也可以根据已经获得的事实和可获得的最佳信息作出裁定。故 A 项错误。

"两反一保"调查属于行政程序,国际私法中所称的司法协助只适用于司法机关(法院)相互之间的协助,商务部作为行政机关不能适用。故 B 项错误。

反倾销调查中,作出价格承诺是出口经营者的权利而非义务,商务部可以建议但不得强迫出口经营者作出价格承诺(《反倾销条例》第 31 条)。故 C 项正确。

《反倾销条例》第 43 条第 3 款规定:"终裁决定确定的反倾销税,高于已付或者应付的临时反倾销税或者为担保目的而估计的金额的,差额部分不予收取;低于已付或者应付的临时反倾销税或者为担保目的而估计的金额的,差额部分应当根据具体情况予以退还或者重新计算税额。"据此,反倾销税追溯征收适用"多退少不补"的原则,终裁决定确定的反倾销税额低于已付或应付临时反倾销税或担保金额的,差额部分应予退还或重新计算税额。故 D 项错误。

256．反倾销[A]

[解析]《反倾销条例》第 17 条规定:"在表示支持申请或者反对申请的国内产业中,支持者的产量占支持者和反对者的总产量的 50% 以上的,应当认定申请是由国内产业或者代表国内产业提出,可以启动反倾销调查;但是,表示支持申请的国内生产者的产量不足国内同类产品总产量的 25% 的,不得启动反倾销调查。"故 A 项正确。

《反倾销条例》第 32 条规定:"出口经营者不作出价格承诺或者不接受价格承诺的建议的,不妨碍对反倾销案件的调查和确定。出口经营者继续倾销进口产品的,商务部有权确定损害威胁更有可能出现。"故 B 项错误。

《反倾销条例》第 48 条规定:"反倾销税的征收期限和价格承诺的履行期限不超过 5 年;但是,经复审确定终止征收反倾销税有可能导致倾销和损害的继续或者再度发生的,反倾销税的征收期限可以适当延长。"反倾销税和价格承诺的履行期一般为 5 年,例外情形可以延长。故 C 项错误。

《反倾销条例》第 43 条第 3 款规定:"终裁决定确定的反倾销税,高于已付或者应付的临时反倾销税或者为担保目的而估计的金额的,差额部分不予收取;低于已付或者应付的临时反倾销税或者为担保目的而估计的金额的,差额部分应当根据具体情况予以退还或者重新计算税额。"终裁决定确定的反倾销税高于已付的临时反倾销税的,采取多退少不补原则。故 D 项错误。

257．反倾销措施[B]

[解析] 根据我国《反倾销条例》的规定,商务部的调查必要时可以在中国境外进行,只要相关国家和地区不提出异议即可。故 A 项错误。

《反倾销条例》第 42 条规定:"反倾销税税额不超过终裁决定确定的倾销幅度。"故 B 项正确。

《反倾销条例》第 31 条规定,商务部可以向出口经营者提出价格承诺的建议,但不得强迫出口经营者作出价格承诺。因此,出口经营者不是必须接受。故 C 项错误。

反倾销税的征收期限和价格承诺的履行期限原

则上不超过5年,但终止征收反倾销税可能导致倾销和损害的继续或再度发生的,可以适当延长征收期限。故D项错误。

258．反倾销措施[A]

[解析]《反倾销条例》第42条规定:"反倾销税税额不超过终裁决定确定的倾销幅度。"故A项正确。

《反倾销条例》第40条规定:"反倾销税的纳税人为倾销进口产品的进口经营者。"本题中甲乙丙三国企业为出口经营者。故B项错误。

《反倾销条例》第31条规定:"倾销进口产品的出口经营者在反倾销调查期间,可以向商务部作出改变价格或者停止以倾销价格出口的价格承诺。商务部可以向出口经营者提出价格承诺的建议。商务部不得强迫出口经营者作出价格承诺。"故C项错误。

《反倾销条例》第9条规定:"倾销进口产品来自两个以上国家(地区),并且同时满足下列条件的,可以就倾销进口产品对国内产业造成的影响进行累积评估:(一)来自每一国家(地区)的倾销进口产品的倾销幅度不小于2%,并且其进口量不属于可忽略不计的;(二)根据倾销进口产品之间以及倾销进口产品与国内同类产品之间的竞争条件,进行累积评估是适当的。可忽略不计,是指来自一个国家(地区)的倾销进口产品的数量占同类产品总进口量的比例低于3%;但是,低于3%的若干国家(地区)的总进口量超过同类产品总进口量7%的除外。"D项错在缺少"同时满足以上条件"的要求。故D项错误。

259．倾销的构成要件;反倾销税的征收幅度、征收部门;反倾销的争端解决部门[A]

[解析]《反倾销条例》第2条规定:"进口产品以倾销方式进入中华人民共和国市场,并对已经建立的国内产业造成实质损害或者产生实质损害威胁,或者对建立国内产业造成实质阻碍的,依照本条例的规定进行调查,采取反倾销措施。"反倾销的构成要件包括:存在倾销,存在损害行为,倾销与损害之间存在因果关系。而其中损害是指倾销对已经建立的国内产业造成实质损害或者产生实质损害威胁,或者对建立国内产业造成实质阻碍。故A项正确。

《反倾销条例》第41条规定:"反倾销税应当根据不同出口经营者的倾销幅度,分别确定。对未包括在审查范围内的出口经营者的倾销进口产品,需要征收反倾销税的,应当按照合理的方式确定对其适用的反倾销税。"反倾销税税额不能实行统一征收标准,"对不同出口经营者应该征收同一标准的反倾销税税额"这一说法错误。故B项错误。

《反倾销条例》第38条规定:"征收反倾销税,由商务部提出建议,国务院关税税则委员会根据商务部的建议作出决定,由商务部予以公告。海关自公告规定实施之日起执行。"故C项中由商务部予以执行的说法错误。

《反倾销条例》第57条规定:"商务部负责与反倾销有关的对外磋商、通知和争端解决事宜。"据此,对外事宜是由商务部而不是外交部负责。故D项错误。

260．反倾销税的纳税人;价格承诺;反倾销税的收取[C]

[解析]《反倾销条例》第40条规定:"反倾销税的纳税人为倾销进口产品的进口经营者。"所以该案件的纳税人是该原料的进口经营者,而非出口者。故A项错误。

《反倾销条例》第31、33条规定,商务部可以向出口经营者提出价格承诺的建议。商务部建议价格承诺的时间不得早于初裁。故B项错误。

《反倾销条例》第43条第3款规定:"终裁决定确定的反倾销税额,高于已付或应付的临时反倾销税或者为担保目的而估计的金额,差额部分不予收取;低于已付或应付的临时反倾销税或者为担保目的而估计的金额,差额部分应当根据具体情况予以退还或重新计算税额。"故C项正确,D项错误。

261．反倾销调查发起主体;价格承诺;反倾销税[D]

[解析]《反倾销条例》第13条规定:"国内产业或者代表国内产业的自然人、法人或者有关组织(以下统称申请人),可以依照本条例的规定向商务部提出反倾销调查的书面申请。"故A项错误。

《反倾销条例》第31条第2、3款规定,商务部可以建议但不得强迫出口经营者作出价格承诺。故B项错误。

《反倾销条例》第43条第3款规定,终裁决定确定的反倾销税,高于已付或应付临时反倾销税或担保目的而估计的金额,差额部分不予征收;低于已付或应付临时反倾销税或担保目的而估计的金额的,差额部分应当根据具体情况予退还或重新计算。终裁确定征收反倾销税并对实施临时反倾销税的期间追溯征收的,采取多退少不补的原则。故C项错误。

《反倾销条例》第42条规定:"反倾销税税额不应超过终裁决定确定的倾销幅度。"故D项正确。

262．追溯征收反倾销税的条件[AD]

[解析]我国《反倾销条例》规定,反倾销税原则上只对终局裁定公告后再进行进口的产品征收,特殊情况下能追溯征收。追溯征收限于如下两种情况:

(1)《反倾销条例》第43条第2款规定,初裁认定实质损害,并且已经采取临时措施,反倾销税可以追溯至实施临时反倾销措施期间。故A项正确。

(2)《反倾销条例》第 44 条第 1 款规定,有倾销历史或进口经营者明知倾销,并且短期内大量进口,反倾销税可以追溯至临时措施前 90 天。故 B、C 项错误,D 项正确。

考点 98 反补贴措施

263．反补贴[ACD]

[解析] 根据《反补贴条例》第 4 条规定,政府补贴必须具有专向性,故 A 项正确。

只有 WTO 成员国才有权提起 WTO 争端解决程序,企业和个人无权提起。故 B 项错误。

根据《反补贴条例》第 52 条规定,对终裁决定不服的,对是否征收反补贴税的决定以及追溯征收的决定不服的,或者对复审决定不服的,可以依法申请行政复议,也可以依法向人民法院提起诉讼。故 C 项正确。

根据《最高人民法院关于审理反补贴行政案件应用法律若干问题的规定》第 8 条规定,被告在反补贴行政调查程序中依法定程序要求原告提供证据,原告无正当理由拒不提供、不如实提供或以其他方式严重妨碍调查,而在诉讼程序中提供的证据,人民法院不予采纳。故 D 项正确。

264．补贴的形式[BCD]

[解析]《反补贴条例》第 3 条规定:"补贴,是指出口国(地区)政府或者其任何公共机构提供的并为接受者带来利益的财政资助以及任何形式的收入或者价格支持。出口国(地区)政府或者其任何公共机构,以下统称出口国(地区)政府。本条第一款所称财政资助,包括:(一)出口国(地区)政府以拨款、贷款、资本注入等形式直接提供资金,或者以贷款担保等形式潜在地直接转让资金或者债务;(二)出口国(地区)政府放弃或者不收缴应收收入;(三)出口国(地区)政府提供除一般基础设施以外的货物、服务,或者由出口国(地区)政府购买货物;(四)出口国(地区)政府通过向筹资机构付款,或者委托、指令私营机构履行上述职能。" B、C、D 项分别符合上述第(二)、(一)、(四)项的规定。故 B、C、D 项正确,A 项错误。

265．反补贴措施[C]

[解析]《反补贴条例》第 32 条规定:"……商务部可以向出口经营者或者出口国(地区)政府提出有关价格承诺的建议。商务部不得强迫出口经营者作出承诺。"故 A 项错误。

国际私法中所称的司法协助只适用于司法机关之间,商务部作为行政机关不能适用。故 B 项错误。

《反补贴条例》第 43 条规定:"反补贴税税额不得超过终裁决定确定的补贴金额。"故 C 项正确。

《反补贴条例》第 41 条规定:"反补贴税的纳税人为补贴进口产品的进口经营者。"故 D 项错误。

考点 99 保障措施

266．反倾销;保障措施[B]

[解析]《反倾销条例》第 2 条规定:"进口产品以倾销方式进入中华人民共和国市场,并对已经建立的国内产业造成实质损害或者产生实质损害威胁,或者对建立国内产业造成实质阻碍的,依照本条例的规定进行调查,采取反倾销措施。"该法第 3 条规定:"倾销,是指在正常贸易过程中进口产品以低于其正常价值的出口价格进入中华人民共和国市场。"题目中的情形不属于可以采取反倾销措施的情形。故 A 项错误。

《保障措施条例》第 2 条规定:"进口产品数量增加,并对生产同类产品或者直接竞争产品的国内产业造成严重损害或者严重损害威胁(以下除特别指明外,统称损害)的,依照本条例的规定进行调查,采取保障措施。"该法第 3 条规定:"与国内产业有关的自然人、法人或者其他组织(以下统称申请人),可以依照本条例的规定,向商务部提出采取保障措施的书面申请。商务部应当及时对申请人的申请进行审查,决定立案调查或者不立案调查。"本题属于可以采取保障措施的情形,保障措施可以依申请提起。故 B 项正确。

《保障措施条例》第 7 条规定:"进口产品数量增加,是指进口产品数量的绝对增加或者与国内生产相比的相对增加。"故 C 项错误。

《保障措施条例》第 19 条第 2 款规定:"保障措施可以采取提高关税、数量限制等形式。"而价格承诺不是保障措施实施的形式。故 D 项错误。

267．对外贸易管理制度的保障制度中损害的定义、认定标准、实施结果和实施对象[D]

[解析]《保障措施条例》第 2 条规定:"进口产品数量增加,并对生产同类产品或者直接竞争产品的国内产业造成严重损害或者严重损害威胁(以下除特别指明外,统称损害)的,依照本条例的规定进行调查,采取保障措施。"故 A 项正确,不当选。

《保障措施条例》第 7 条规定:"进口产品数量增加,是指进口产品数量的绝对增加或者与国内生产相比的相对增加。"故 B 项正确,不当选。

《保障措施条例》第 25 条规定:"终裁决定确定不采取保障措施的,已征收的临时关税应当予以退还。"故 C 项正确,不当选。

《保障措施条例》第 16 条第 1 款规定:"有明确证据表明进口产品数量增加,在不采取临时保障措施将对国内产业造成难以补救的损害的紧急情况下,可以作出初裁决定,并采取临时保障措施。"第 22 条规定:"保障措施应当针对正在进口的产品实施,不区分产品来源国(地区)。"因此,保障措施不仅仅针对终裁决定作出后进口的产品实施,在终裁决定作出之前商务部可以对正在进口的产品采取临时保障措施。故D项错误,当选。

268. 保障措施的启动方式、实施形式、对象和范围[D]

[解析]《保障措施条例》第3、4条规定,启动保障措施的方式包括两种:一是与国内产业有关的自然人、法人或者其他组织,可以向商务部提出保障措施的申请;二是必要时,商务部在没有收到此类申请时,但有充分证据认为国内产业因进口产品数量增加而受到损害的,也可以立案调查。由此可见,保障措施调查既可以由相关国内产业申请启动,也可以由主管机关主动启动,A项"应以……申请为条件"说法错误。故A项错误。

《保障措施条例》第22条规定:"保障措施应当针对正在进口的产品实施,不区分来源国(地区)。"因此,本题中国有关部门应针对任何来源进口的该种化工材料实施保障措施,而不能仅针对甲国材料实施保障措施。故B项错误。

《保障措施条例》第19条第2款规定:"保障措施可以采取提高关税、数量限制等形式。"由此可见,价格承诺不是保障措施实施的形式,而是反倾销、反补贴措施的一种形式。故C项错误。

《保障措施条例》第23条规定:"采取保障措施应当限于防止、补救严重损害并便利调整国内产业所必要的范围内。"此处的"必要范围"一定不会超过调查范围,所以如果采取保障措施,针对的材料范围应当与调查范围相一致。故D项正确。

专题二十 世界贸易组织

考点100 WTO基本制度

269. WTO的成员国;世界贸易组织的法律体系;中国加入WTO的权利义务[B]

[解析]世界贸易组织成员是加入世界贸易组织的各国政府和单独关税区政府。单独关税区,是指不具有独立的完整的国家主权但却在处理对外贸易关系及世界贸易组织协定规定的其他事项方面拥有完全自主权,中国香港、澳门和台湾都属于单独关税区。故A项正确。

《政府采购协议》属于世界贸易组织法律体系中的诸边贸易协议,但该协议只对参加了该协议的成员有约束力,并不是对所有成员有约束力。故B项错误,当选。

《中国加入世界贸易组织议定书》中特别规定了针对中国产品的特定产品的过渡性保障措施机制,该机制为期12年。这一机制,专对中国产品实施,实施条件低于保障措施的要求。故C项正确。

作为世界贸易组织多边贸易制度的一部分,《关于争端解决规则与程序的谅解》建立了统一的多边贸易争端解决机制。故D项正确。

270. 世界贸易组织法律制度[B]

[解析]《中国加入世贸组织协定书》规定:中国承诺逐步放开贸易经营权,在中国正式加入世界贸易组织后3年内,除国家专营商品外,所有中国企业都有权进行货物进出口。可见,外贸经营权的开放不包括国家专营商品。故A项错误。

对中国产品的出口,进口成员在据反倾销规范比较价格时,可以采取两种方法中的任何一种:使用中国受调查产业的价格或成本;使用替代国价格或成本。上述选择方法的规定在《中国加入世贸组织协定书》生效后15年后终止。故B项正确。

非专向补贴不受世贸组织多边贸易体制的约束。但如果中国政府提供的补贴的主要接受者是中国国有企业,或者接受了补贴中不成比例的大量数额,该补贴视为专向补贴。故C项错误。

《中国加入世贸组织协定书》中,特别规定了针对中国产品的特定产品的过渡性保障机制。这一机制,专对中国产品实施,实施条件低于保障措施的要求。故D项错误。

考点101 WTO最惠国待遇原则

271. 最惠国待遇[D]

[解析]最惠国待遇原则表现出普遍性、相互性、自动性和同一性的特点。世界贸易组织的任何成员,都可以享有其他成员给予任何国家的待遇。每一成员既是施惠者,也是受惠者。由于最惠国待遇义务的立即性和无条件性,每一成员自动享有其他成员给予其他任何国家的最惠国待遇。只有原产于其他成员的同类产品,才能享有最惠国待遇。同类产品并没有确切的定义和标准,应在具体情况下作具体分析。最惠国待遇义务适用于进口产品和出口产品。

本题中,甲乙丙均为世界贸易组织成员,可以享有最惠国待遇,但是乙国的立式空调和丙国的中央空调不能算作同类产品,因此给予不同的关税待遇是正确的。故A项正确。

甲乙两国为世界贸易组织成员,而丁国不是世界贸易组织成员,因此甲国无需给予来自乙国和丁国的立式空调以相同的进口关税。故B项正确。

甲乙丙均为世界贸易组织成员,可以享有最惠国待遇,因此,甲国应给予来自乙丙两国的立式空调以相同的关税。故D项错误。

《关税与贸易总协定》中有关于最惠国待遇义务的例外规定:允许以收支平衡理由偏离最惠国待遇义务;允许对造成国内产业损害的倾销进口或补贴进口

征收反倾销税或反补贴税;允许因一般例外或国家安全例外偏离最惠国待遇义务;可对某一成员或某些成员豁免最惠国待遇义务。故C项正确。

考点102 《与贸易有关的投资措施协议》

272.《与贸易有关的投资措施协议》;争端解决程序[D]

[解析] 甲国的该项投资法规定构成当地成分要求,即要求企业,无论是本国投资企业还是外商投资企业,在生产过程中必须购买或使用一定数量金额或最低比例的当地产品。故A项错误。

《与贸易有关的投资措施协议》要求各成员不得实施与《关税与贸易总协定1994》国民待遇原则或一般性取消数量限制原则不一致的投资措施。《关税与贸易总协定1994》是调整货物贸易的协定,目的是维护货物贸易的公平和自由,因此"与贸易有关的投资措施"自然指的是"与货物贸易有关的投资措施"。故B项错误。

世界贸易组织争端解决机制具有统一性的特点,该机制适用于任何成员间因WTO任何协议产生的争端。故C项错误。

磋商是WTO争端解决机制的必经程序,是申请设立专家组的前提。故D项正确。

273.《与贸易有关的投资措施协议》[A]

[解析] 甲国"如生产的汽车使用了30%国产零部件,即可享受税收减免的优惠"的规定,会促使本国的汽车制造商为了获得税收优惠扩大国产零部件的使用比例,最终的结果是使国产零部件的待遇高于进口同类零部件,属于《与贸易有关的知识产权协议》所称的"当地成分要求",明显地违反了国民待遇原则,故A项正确。

"国内销售要求"是要求企业的产品必须有一部分在国内销售,与本题题意不符,故B项错误。

"贸易平衡要求"是将企业购买或使用的进口产品限制在与其出口的当地产品的数量或价值相关的水平,与本题题意不符,故C项错误。

"外汇平衡要求"是将企业进行生产所需的进口被限制在属于该企业流入的外汇的一定数量内,与本题题意不符,故D项错误。

274.《与贸易有关的投资措施协议》[ABD]

[解析]《与贸易有关的投资措施协议》禁止与国民待遇原则不符的与贸易有关的投资措施包括:(1)当地成分要求,即要求企业购买或使用国内产品或自任何国内来源的产品;(2)贸易平衡要求,即将企业购买或使用的进口产品限制在与其出口的当地产品的数量或价值相关的水平。禁止与一般性取消数量限制原则不符的与贸易有关的投资措施包括:(1)贸易平衡要求;(2)进口用汇限制,即企业进行生产所需的

进口被限制在属于该企业流入的外汇的一定数量内;(3)国内销售要求,即要求企业的产品必须有一部分在国内销售。本题中,A、B项构成当地成分要求,当选。D项构成贸易平衡要求,当选。C项中的外资股权比例限制不在TRIMs的禁止之列,故C项不当选。

考点103 《服务贸易总协定》

275.《服务贸易总协定》的适用范围;服务贸易的具体方式;最惠国待遇和国民待遇[D]

[解析] 政府采购由《政府采购协议》调整,《服务贸易总协定》的最惠国条款、市场准入条款、国民待遇条款,均不适用涉及政府采购的法律、法规。故A项错误。

境外消费是指在一国境内向其他国家的服务消费者提供服务。商业存在是指成员的服务提供者在任何其他成员境内建立商业机构或专业机构,为所在成员境内和其他成员的服务消费者提供服务,以获报酬。中国公民接受国外某银行在中国分支机构的服务属于协定中的商业存在而非境外消费。故B项错误。

协定中的最惠国待遇不仅适用于服务产品,也适用于服务提供者。故C项错误。

协定中的国民待遇义务,仅限于列入承诺表的部门,并且要遵循其中所列的条件和资格。没有作出承诺的部门,不适用国民待遇义务;即使在作出承诺中,也允许一定的限制。故D项正确。

276.《服务贸易总协定》中的服务贸易的方式[D]

[解析] 服务贸易有四种提供方式:

(1)自然人存在:指一成员方的服务提供者以自然人的身份进入另一成员方的领土内提供服务的方式,如某外国律师作为外国律师事务所的驻华代表到中国境内为消费者提供服务。A项中国某运动员应聘到美国担任体育教练属于自然人存在。故A项不当选。

(2)境外消费:指服务提供者在一成员方的领土内,向来自另一成员方的消费者提供服务的方式,如中国公民在其他国家短期居留期间,享受国外的医疗服务。B项中国某旅行公司组团到泰国旅游属于境外消费。故B项不当选。

(3)商业存在:指在一成员方的服务提供者在另一成员方领土内设立商业机构,在后者境内为消费者提供服务的方式,如外国服务类企业在中国设立公司为中国企业或个人提供服务。C项加拿大某银行在中国设立分支机构属于商业存在。故C项不当选。

(4)跨境交付:指在一国境内向其他国境内提供服务的方式。D项中国政府援助非洲某国一笔资金属于一国政府对另一国政府的资金援助,不属于服务

贸易的范畴。故 D 项当选。

考点 104　WTO 争端解决机制

277．WTO 争端解决机制；最惠国待遇[CD]

[解析]　最惠国待遇是指缔约一方现在和将来给予任何第三方的一切特权、优惠和豁免，也同样给予缔约对方。即 WTO 的任何成员，都可以享有其他成员给予任何国家的待遇。WTO 争端解决机制的主体是国家，国内企业无权启动 WTO 争端解决程序。故 A 项错误。

磋商是争端解决程序中的必经程序，提出磋商请求日起 60 天内没有解决争端时，申诉方才可以申请成立专家组。但磋商事项以及磋商的充分性，与设立专家组的申请及专家组将作出的裁定没有关系。故 B 项错误。

与关税与贸易总协定的争端解决机制相比，WTO 争端解决机构在通过专家组和上诉机构报告的程序中采用"反向协商一致原则"，即一票通过制。故 C 项正确。

被裁定违反了有关协议的一方，应当在合理期限内履行争端解决机构的裁定和建议。如果被诉方在合理期限内没有履行裁定和建议，原申诉方可以经争端解决机构授权交叉报复，对被诉方中止减让或中止其他义务。故 D 项正确。

278．WTO 关于争端解决的规则与程序的谅解[AC]

[解析]　国民待遇，是指所在国应给予外国人与本国公民同等的民事权利地位。"甲国对进口的某类药品征收 8% 的国内税，而同类国产药品的国内税为 6%"，该行为明显违反了国民待遇原则。故 A 项正确。

世界贸易组织争端解决机制没有执行机构。故 B 项错误。

根据世贸规定，如甲国不执行，乙、丙两国可向争端解决机构申请授权报复，对被诉方（甲国）中止减让或终止其他义务。中止减让的报复措施首先应当在受损的相同部门实施；如不可行或无效时，可以对同一协议下的其他部门实施；如仍然不可行或无效时，可寻求中止另一协议项下的减让或其他义务。故 C 项正确，D 项错误。

279．世界贸易组织争端解决机制的基本程序；常设机构；执行监督机制及其报复制度[C]

[解析]　磋商是 WTO 争端解决机制中的基本程序也是必经程序，争议各方首先要通过磋商解决争议，故 A 项正确，不当选。

WTO 争端解决机制建立了常设的上诉机构，处理争端当事方对专家小组决定不服提出的上诉，故 B 项正确，不当选。

被裁定违反了有关协议的一方，应当在合理时间内履行争端解决机构的裁定和建议。如果被诉方在合理时间内没有履行裁决和建议，原申诉方可以经争端解决机构授权交叉报复，对被诉方中止减让或中止其他义务。可见，报复权利不是自动获得的，而是要请求争端解决机构授权，故 C 项错误，当选。

申诉方在实施报复时，中止减让或中止其他义务的程度和范围应当与其所受的损害相等，故 D 项正确，不当选。

280．WTO 争端解决机制的基本程序；上诉机构的成员组成[D]

[解析]　磋商若达成谅解协议，双方承担保密的义务，这种保密也针对后续的专家小组和上诉机构，不能作为后续争端审查的对象。故 A 项错误。

根据 WTO 争端解决中坚持的司法经济原则，对争端方没有提出的主张，专家组不能作出裁定，即使相关专家提出了这样的主张。专家组审查的范围仅仅局限于争端方申请内容，未申请的部分，专家组不能作出审查。故 B 项错误。

上诉机构可以推翻、修改或撤销专家组的调查结果和结论，但没有将案件发回专家组重新审理的权力。故 C 项错误。

上诉机构有 7 名成员，任期 4 年，对某一案件由其中的 3 名进行审议。故 D 项正确。

281．WTO 争端解决机制的基本程序[C]

[解析]　专家小组仅可就争端方提出的请求进行裁决，对于乙国没有提出的主张，专家组不可因其相关性而作出裁定。故 A 项错误。

争端解决机制中仲裁和调解机制为非必经程序，只有磋商为必经程序。故 B 项错误。

专家小组提出争端解决报告以供各成员传阅后 20 天至 60 天，除非某争端方提出上诉或争端解决机构一致反对采纳此报告，该报告即视为通过，即反向一致原则。故 C 项正确。

上诉机构的裁决为最后裁决，当事方应无条件接受，除非争端解决机构一致反对。因此即使甲国拒绝履行上诉机构的裁决，乙国也不可向争端解决机构上诉，但是乙国可以提起交叉报复的申请。故 D 项错误。

282．WTO 争端解决机制[C]

[解析]　WTO 的争端解决机制中没有强制执行程序，乙国不能申请强制执行，故 A 项错误。

根据《关于争端解决规则和程序的谅解》："如果被诉方在合理期限内不履行世贸组织的裁决，原申诉方可以向争端解决机构申请授权报复。对被诉方中止减让或其他义务。中止减让或其他义务不限于对被认定为违反义务或造成利益丧失或受损的部门的

三国法　[答案详解]　55

相同部门实施,可以跨部门实施交叉报复。"因此,如甲国不履行世贸组织的裁决,乙国可在轮胎的范围以外实施报复,故 B 项错误。如甲国不履行世贸组织的裁决,乙国可向争端解决机构申请授权报复。故 C 项正确。

WTO 的上诉机构只审查专家组报告涉及的法律问题和专家组作出的法律解释,对事实问题不予审查。故 D 项错误。

专题二十一 国际经济法领域的其他法律制度

考点105 《保护工业产权巴黎公约》

283．多边投资担保机构；知识产权优先权[B]

[解析] 多边投资担保机构只承保向发展中国家进行的投资,所以乙国应该是发展中国家。故 A 项正确。

多边投资担保机构不承保商业风险。外汇管制不属于商业风险范畴,属于货币汇兑险的承保范围。故 B 项错误。【知识拓展】多边投资担保机构承保的风险主要是四项非商业保险:货币汇兑险;征收及类似措施险;战争内乱险;政府违约险。其中,货币汇兑险承保由于东道国的责任而采取的任何措施,使投资人无法自由将其投资所得及其他收益兑换成可自由使用的货币,或无法将相关收益汇出东道国的风险,如以法律等手段禁止货币的兑换和转移。

根据《保护工业产权巴黎公约》,国家有权利要求外国公司只能委托本国的代理机构和人员进行优先权申请。故 C 项正确。

根据《保护工业产权巴黎公约》,专利在先申请的驳回、撤销、批准与否,均不影响优先权。故 D 项正确。

284．国际知识产权保护中《巴黎公约》的优先权原则、临时保护原则、商标专利独立性保护原则、国民待遇原则的例外[A]

[解析]《巴黎公约》的"优先权原则"规定,以某一申请人在一成员国为一项工业产权提出的正式申请为基础,在一定期限内同一申请人可以在其他全体成员国申请对该工业产权的保护,这些在后的申请被认为是与第一次申请同一天提出的。主张优先权的前提是已在一个成员国内提出正式申请。发明专利的优先权申请期限为 12 个月。本案张某向《巴黎公约》成员国甲国提出专利申请的时间为 6 月 8 日,未超过 12 个月,因此张某在甲国的申请日至少可以提前至 2011 年 4 月 15 日。故 A 项正确。

根据《保护工业产权巴黎公约》所确立的临时保护制度,成员国应依照本国法律,对在任何一个成员国举办的官方或经官方承认的国际展览会展出的商品中可以取得专利的发明、实用新型、外观设计和可以注册的商标,给予临时保护。如果张某在后续申请中提出 2011 年 4 月 6 日这一时间点的优先权申请,则对张某后续申请有一定影响。故 B 项错误。

独立性原则是指关于外国人的专利申请或商标注册,应由各成员国依本国法决定,而不受原属国或其他任何国家就该申请作出的决定的影响。虽然张某在中国申请专利已获批准,但甲国是否批准他的专利申请,应由甲国依据甲国法决定。故 C 项错误。

国民待遇原则允许存在例外。各成员国在关于司法和行政程序、管辖以及选定送达地址或指定代理人的法律规定等方面,凡工业产权法有所要求的,可以明确地予以保留。甲国可以就"外国人申请专利必须委派甲国本地代理人代为申请"作出规定。故 D 项错误。

285．优先权[A]

[解析]《保护工业产权巴黎公约》的优先权原则是指某一成员国提出专利、实用新型、外观设计或商标注册申请的人或其权利合法继承人,在规定期限内,享有在其他国提出申请的优先权。即如果他在其他成员国也提出同样的申请,则这些国家必须承认该申请在第一个国家的申请日为本国的申请日。优先权的获得不是自动的,需要申请人于"在后申请"中提出关于优先权的申请,故 A 项正确。

所有工业产权并非享有相同期间的优先权,其中发明与实用新型专利为 12 个月,外观设计和商标为 6 个月,故 B 项错误。

优先权以"在先申请"的提出为基础,其被撤回、驳回或放弃均不影响优先权的获得,即只要当事人提交了第一个申请,无论该申请是否被申请国所接受,在他向其他成员国也提出同样的申请时,仍然享有优先权,故 C、D 项错误。

考点106 《保护文学艺术作品伯尔尼公约》

286．国际知识产权保护基本原则[B]

[解析]《伯尔尼公约》确立了文学艺术作品保护的基本原则:国民待遇原则、自动保护原则、独立保护原则。国民待遇原则指公约缔约国国民和在成员国有经常居住地的非缔约国国民,其作品无论是否出版,或其作品只要在任何一个缔约国出版,或在一个缔约国和非缔约国同时出版的(30 天之内),应在一切缔约国中享有国民待遇。本题中,迈克是非缔约国国民,但其作品在缔约国乙国出版且未超 30 天,应在缔约国中享有国民待遇。故 A 项错误。自动保护原则是指享有和行使依缔约国法律和公约所规定的权利,不需要履行任何手续,也不论作品在起源国是否受到保护。保护国法律对文学艺术作品自动保护。

独立保护原则是指享有和行使文学艺术作品的权利，不依赖于在起源国是否受到保护。故C、D项错误。

《伯尔尼公约》规定，在非缔约国和缔约国同时发表的作品，后者为作品国籍国。故B项正确。

287.《保护文学艺术作品伯尔尼公约》；有关知识产权国际保护的原则[C]

[解析]《伯尔尼公约》的基本原则之一是自动保护原则，依公约第5条第2款的规定，该原则要求享有及行使依国民待遇所提供的有关权利时，不需要履行任何手续，也不论作品在起源国是否受到保护，即应自动予以保护。依该原则，成员国国民及在成员国有惯常居所的其他人，在作品创作完成时即自动享有著作权。故C项正确，A、B项错误。

根据该公约的版权独立性基本原则，依公约第5条第2款的规定，享有国民待遇的人在公约任何成员国所得到的著作权保护，不依赖于其作品在来源国受到的保护。在保护水平上，不能因为作品来源国的保护水平低，其他成员国就降低对有关作品的保护水平。故D项错误。

288.《伯尔尼公约》的国民待遇原则和自动保护原则[ACD]

[解析]《伯尔尼公约》有权享有国民待遇的包括：(1)公约成员国国民和在成员国有惯常居所的非成员国国民，其作品无论是否出版，均应在一切成员国中享有国民待遇；(2)非公约成员国国民，其作品只要是在任何一个成员国出版，或者在一个成员国和非成员国同时出版，也应在一切成员国中享有国民待遇。

本案中，李伍虽然不是伯尔尼公约的缔约国国民，但其文章在乙国发表，而乙国是该公约的缔约国，则李伍因其作品的出版国属于成员国而受公约保护，其作品在中国享有国民待遇。故A项正确。

李伍不是《伯尔尼公约》缔约国国民，如果其文章未在缔约国发表，则不受保护。故B项错误。

满成是《伯尔尼公约》缔约国乙国的公民，对于其作品，因其作者国籍是成员国而受公约保护。因此，满成的文章无论在任何国家首次发表，其作品在中国享有国民待遇。故C项正确。

《伯尔尼公约》的自动保护原则，作者依国民待遇原则在其他同盟成员国享有和行使其作品的著作权，不需要履行任何手续。即其作品无论发表与否都享有著作权。因此，对于满成的作品，无论发表与否，根据自动保护原则，其作品在中国享有国民待遇。故D项正确。

考点107 《与贸易有关的知识产权协议》(TRIPS协议)

289.《与贸易有关的知识产权协议》[BC]

[解析]《与贸易有关的知识产权协议》要求成员方采取措施禁止将地理标志做任何不正当竞争的使用，禁止利用商标作虚假的地理标志暗示的行为，此外还特别要求各成员采用法律手段，防止任何人使用一种地理标志来表示并非来源于该标志所指地方的商品。故A项错误，B、C项正确。

"香槟"是法国地名，因此如允许来自法国香槟的酒产品注册"香槟"的商标，并不会构成对地理标志权的侵害，但如果允许中国企业注册该商标，就可能导致消费者误认误购，这与国民待遇无关。故D项错误。

290.《与贸易有关的知识产权协议》[B]

[解析]《伯尔尼公约》第7条第4款规定，摄影作品和作为艺术作品保护的实用艺术作品的保护期限由本同盟各成员国的法律规定；但这一期限不应少于自该作品完成之后算起的25年。可知对于摄影作品的最低保护期限，公约中已有明确规定。故A项错误。

《与贸易有关的知识产权协议》对《伯尔尼公约》的补充体现有二：一是保护客体方面，将计算机程序和有独创性的数据汇编列为版权保护的对象；二是权利内容方面，增加了计算机程序和电影作品的出租权。故B项正确。

《伯尔尼公约》第11条规定了保护作者的精神权利。故C项错误。

《与贸易有关的知识产权协议》在第3条第1款中，专门提到了伯尔尼公约第6条和罗马公约第16条第1款(b)项。这两个条款原都是允许成员国在特殊场合以"互惠"原则取代国民待遇原则。现在，知识产权协议仍旧允许在这个范围内的"取代"。故D项错误。

291.知识产权的海关保护[ACD]

[解析]《知识产权海关保护条例》第7条第1款规定，知识产权权利人可以依照本条例的规定，将其知识产权向海关总署申请备案；申请备案的，应当提交申请书。故A项正确。

《知识产权海关保护条例》第12条规定："知识产权权利人发现侵权嫌疑货物即将进出口的，可以向货物进出境地海关提出扣留侵权嫌疑货物的申请。"故C项正确。

《知识产权海关保护条例》第23条规定："知识产权权利人在向海关提出采取保护措施的申请后，可以依照《中华人民共和国商标法》、《中华人民共和国著作权法》、《中华人民共和国专利法》或者其他有关法律的规定，就被扣留的侵权嫌疑货物向人民法院申请采取责令停止侵权行为或者财产保全的措施。海关收到人民法院有关责令停止侵权行为或者财产保全的协助执行通知的，应当予以协助。"故D项正确。

根据《知识产权海关保护条例》，权利人在发现侵犯其知识产权的进口货物后，可向海关申请备案和拘留，并可向法院提起诉讼，仅仅移除侵权商标再进口是不被允许的，故 B 项错误。

292．与贸易有关的知识产权协定[B]

[解析]《与贸易有关的知识产权协定》第 21 条规定："各成员可对商标许可和转让规定条件，但这应理解为不允许商标的强制许可，而且注册商标的所有人有权把商标与该商标从属的生意一起或不一起转让。"故 B 项正确，A、C、D 项错误。

考点108 国际知识产权许可协议

293．国际技术转让[A]

[解析] 所谓技术的独占许可，是指合同约定的时间和地域范围内，除了被许可人，许可人或任何第三人均不得使用相关技术。本题中，甲公司在亚太区独占使用乙公司的该项新技术，即意味着在约定的期间内，德国乙公司不能在亚太地区使用该项新技术。故 A 项正确。本题中独占许可的范围是亚太地区，在亚太以外的地方许可方仍有权使用该技术或许可第三方使用该技术。故 B、C、D 项错误。

考点109 多边投资担保机构(MIGA)

294．海外投资保险[D]

[解析]《多边投资担保机构公约》规定，多边投资担保机构主要承保四项政治风险：货币汇兑险、战争和内乱险、政府违约险、征收和类似措施险。

货币汇兑险承保由于东道国的责任而采取的任何措施，使投资人无法自由将其投资所得、相关投资企业破产的清算收入及其他收益兑换成可自由使用的货币，或依东道国的法律，无法将相关收益汇出东道国的风险。乙国货币贬值属于典型的商业风险，不在货币汇兑险的承保范围内。故 A 项错误。

战争内乱险承保影响投资项目的战争或内乱而导致的风险。工人罢工不属于战争内乱险范围。故 B 项错误。

征收和类似措施险承保东道国政府采取立法或行政措施，或懈怠行为，实际上剥夺了被保险人对其投资的所有权或控制权，或其应从该投资中得到的大量收益。乙国采取的增加所得税措施是为了管理其境内的经济活动而普遍适用的措施，不属于该险别范畴。故 C 项错误。

政府违约险承保东道国对担保权人的违约，且担保权人无法求助于司法或仲裁部门对违约的索赔作出裁决，或司法或仲裁部门未能在合理期限内作出裁决，或有这样的裁决而不能实施。故 D 项正确。

295．《多边投资担保机构公约》；货币汇兑险；合格东道国；代位求偿权[BCD]

[解析] 货币汇兑险，承保由于东道国的责任而采取的任何措施，限制将货币转换成可自由使用货币，并兑出东道国境外的风险。导致货币汇兑风险的行为可以是东道国采取的积极行为，如明确以法律手段禁止货币的兑换和转移；也可以是消极地限制货币兑换或汇出，如负责业务的政府机构长期拖延协助投资人兑换或汇出货币。故 A 项错误，B 项正确。

多边投资担保机构的目的是通过自身业务活动来推动成员国之间的投资，特别是向发展中国家投资，促进发展中成员国的投资流动。因此，多边投资担保机构的东道国应当为发展中国家。故 C 项正确。

《多边投资担保机构公约》规定，担保合同要求担保权人在向机构要求支付前，寻求在当时条件下合适的、按东道国法律可随时利用的行政补救方法。多边投资担保机构一经向投保人支付或同意支付赔偿，即代位取得投保人对东道国或其他债务人所拥有的有关承保投资的各种权利或索赔权，各成员国都应承认多边投资担保机构的此项权利。故 D 项正确。

296．国际投资争端国际中心的管辖权；"合格的东道国"要求；《与贸易有关的投资措施协议》中禁止使用的投资措施[ABC]

[解析]《关于解决国家和他国国民之间投资争端公约》第 25 条第 1 款规定，中心的管辖适用于缔约国（或缔约国向中心指定的该国的任何组成部分或机构）和另一缔约国国民之间直接因投资而产生并经双方书面同意提交给中心的任何法律争端。当双方表示同意后，任何一方不得单方面撤销其同意。故 A 项正确。

《多边投资担保机构公约》在关于"合格的东道国"中要求，担保机构只对在发展中国家成员国境内所作的投资予以担保。故 B 项正确。

《与贸易有关的投资措施协议》禁止使用的 5 种措施：(1) 当地成分要求；(2) 贸易平衡要求；(3) 替代进口的数量要求；(4) 通过进口用汇限制实施的替代进口；(5) 产品出口限制。要求企业购买或使用最低比例的当地产品属于当地成分要求，是禁止使用的措施之一。故 C 项正确。

限制外国投资者投资国内公司的投资比例属于当地股权要求，不在协议禁止使用之列。故 D 项错误。

297．多边投资担保的险种；合格的投资者；承保的前提条件[C]

[解析] 多边投资担保机构主要承保四项非商业风险：货币汇兑险、征收和类似措施险、战争内乱险、政府违约险。投资方违约险不是 MIGA 承保的险别范围。故 A 项错误。

《多边投资担保机构公约》第 13 条规定："对于投保的投资者，MIGA 要求必须是具备东道国以外的会员国国籍的自然人或在东道国以外一会员国注册并设有主要营业点的法人,或其多数股本为东道国以外一个或几个会员国所有或其国民所有的法人。此外,只要东道国同意,且用于投资的资本来自东道国境外,则根据投资者和东道国的联合申请,经该机构董事会特别多数票通过,还可将合格投资者扩大到东道国的自然人、在东道国注册的法人以及其多数资本为东道国国民所有的法人。"据此,合格的投资者一般为东道国以外的自然人和法人,特殊情况下可扩大至东道国的自然人和法人。故B项错误。

多边投资担保机构只承保向发展中会员国的投资,这是对投资对象的要求。作为投资主体,不管是发展中国家投资者,还是发达国家投资者,只要符合MIGA合格投资者的条件,都可向MIGA申请投保。故C项正确。

MIGA隶属于世界银行集团,直接承保成员国私人投资者在向发展中国家成员投资时可能遭遇的政治风险,因此投资者母国与东道国只要属于MIGA成员国即可获得承保资格,不再另签双边投资保护协定。故D项错误。

298.多边投资担保机构公约[BCD]

[解析] 多边投资担保机构主要承保四项非商业风险:货币汇兑险;征收和类似措施险;战争内乱险;政府违约险。货币汇兑险,承保由于东道国的责任而采取的任何措施,使投资人无法自由将其投资所得、相关投资企业破产的清算收入及其他收益兑换成可自由使用的货币,或依东道国的法律,无法将相关收益汇出东道国的风险。导致货币汇兑风险的行为可以是东道国采取的积极行为,也可以是消极地限制货币兑换或汇出。故A项错误。

根据《多边投资担保机构公约》,担保机构成立的目的是要促进生产性资金流向发展中国家,因此,公约第12条和第14条明确规定,机构只对向发展中国家成员领土内的投资予以担保。据此,乙国应为发展中国家。故B项正确。

战争内乱险,承保影响投资项目的战争或内乱而导致的风险,战争和内乱并不以东道国是否为一方或是否发生在东道国领土为前提。故C项正确。

政府违约险,即东道国对担保权人的违约,且担保权人无法求助于司法或仲裁部门对违约的索赔作出裁决,或司法或仲裁部门未能在合理期限内作出裁决,或有这样的裁决而不能实施。故D项正确。

考点110 国际投资争端解决中心(ICSID)

299.国际投资争端的解决[D]

[解析] 行使外交保护的前提是已经用尽当地救济。因此,M公司只有在乙国用尽行政或司法等各种救济方式仍不能解决纠纷,才可请求甲国行使外交保护。故A项错误。

中心仲裁庭应依争端双方同意的法律规则对争端作出裁决。如果双方没有就法律规则达成协议,则仲裁庭应适用作为争端一方的缔约国的国内法(包括其冲突法规则)以及可适用的国际法规则。仲裁庭不得借口没有明确的法律规定或者法律规定含义不清而暂不作出裁决。此外,仲裁庭在争端双方同意时,可根据公平和善意原则对争端作出裁决。故B项错误。

关于何为"投资"和"法律争端",公约本身并没有规定;何为"投资"可以由争端当事人自主决定。故C项错误。

争端双方可以不用尽当地救济即可在书面同意的基础上将争端提交仲裁,除非缔约国明确要求以用尽当地救济作为同意交付中心仲裁的条件。故D项正确。

300.临时保护原则;ICSID的管辖权;国际投资争端解决[AB]

[解析] 临时保护原则是指缔约国应对任何成员国内举办的或经官方承认的国际展览会上展出的商品中可取得专利的发明、实用新型、外观设计以及注册的商标给予临时保护。故A项正确。

ICSID受理的争端仅限一缔约国(东道国)与另一缔约国国民(外国投资者)的争端,此外,在争端双方均同意的情况下,也受理东道国和受外国投资者控制的东道国法人之间的争端。并且ICSID受理的争端必须是直接因国际投资而引起的法律争端。故C项错误。

ICSID的管辖权具有排他的效力,若一旦当事人同意在中心仲裁,则不再属于作为争端一方的缔约国国内法管辖的范围。ICSID裁决对争端各方均具有约束力,不得进行任何上诉或采取任何其他除《华盛顿公约》规定外的补救办法;每一缔约国都应承认裁决对其有约束力,并在其领土内履行该裁决所裁定的财政义务,并赋予该裁决等同于其国内法院终审判决的效力。故B项正确,D项错误。

301.国际投资争端的解决;中心管辖权的行使条件[A]

[解析] 根据《解决国家和他国公民间投资争端公约》,解决国际投资争端中心的管辖适用于缔约国和另一缔约国国民之间直接因投资而产生,并经双方书面同意提交给中心的任何法律争端。本题中,甲、乙均为该公约缔约国,甲乙双方的投资争端若要交中心解决,需要双方出具同意中心管辖的书面文件,而不能单方申请。故A项错误,B项正确。

除非另有声明,提交中心仲裁应视为双方同意排除其他任何救济方法,但是东道国可以要求投资者用尽当地的各种行政或司法的救济手段,作为它同意提交中心仲裁的条件。故 C 项正确。

中心仲裁庭应依照争端双方同意的法律规则对争端作出裁决,如双方没有对应适用的法律规则达成协议,则适用作为争端一方的缔约国的国内法以及可能适用的国际法规则。故 D 项正确。

302．国际投资争端解决中心的管辖权、管辖的范围以及中心裁决的效力[ABCD]

[解析] 根据《解决国家和他国国民间投资争端公约》,中心管辖权适用于一缔约国和另一缔约国国民之间"直接因投资而产生的任何法律争端"。中心管辖的争端必须是关于法律权利或义务的存在或其范围,或是关于因违反法律义务而实行赔偿的性质或限度的。故 A、B 项正确。

中心仅对争端双方书面同意提交给它裁决的争端有管辖权。批准或加入公约本身并不等于缔约国承担了将某一特定投资争端提交中心调解或仲裁的义务。故 C 项正确。

中心管辖权的效力是一裁终局,中心的裁决对争端双方均具有约束力。故 D 项正确。

考点 111 特别提款权

303．特别提款权[ACD]

[解析] 特别提款权(Special Drawing Rights,简称SDRs)是国际货币基金组织于 1968 年在原有的普通贷款权之外,按各国认缴份额的比例分配给会员国的一种使用资金的特别权利。各会员国可以凭特别提款权向基金组织提用资金或偿还贷款。故 A 项正确。

特别提款权只是一种账面资产,并非真实的货币,不能用于实际货物贸易支付。故 B 项错误。

成员国在基金组织开设特别提款权账户,作为一种账面资产或记账货币,可用于办理政府间结算,可偿付政府间结算逆差。故 C 项正确。

特别提款权可与黄金、外汇一起作为国际储备。故 D 项正确。

考点 112 国际融资担保

304．见索即付保函[D]

[解析] 见索即付保函具有独立性、连带性和支付无条件性的特点。

"无条件性"意味着只要受益人提交的单据满足"单函、单单表面一致"的条件,保函开立人即须履行付款责任。对此,最高人民法院《关于审理独立保函纠纷案件若干问题的规定》第 6 条第 1 款规定,受益人提交的单据与独立保函条款之间、单据与单据之间表面相符,受益人请求开立人依据独立保函承担付款责任的,人民法院应予支持。故 A 项错误,D 项正确。

"连带性"意味着保函开立人不能对受益人行使先诉抗辩权。故 B 项错误。

"独立性"意味着保函的效力独立于基础合同(本案为施工合同)。《关于审理独立保函纠纷案件若干问题的规定》第 6 条第 2 款规定,开立人以基础交易关系或独立保函申请关系对付款义务提出抗辩的,人民法院不予支持。故 C 项错误。

305．见索即付保函[CD]

[解析]《国际商会见索即付保函统一规则》第 1 条(a)规定,见索即付保函统一规则适用于任何明确表明适用本规则的见索即付保函或反担保函。除非见索即付保函或反担保函对本规则的内容进行了修改或排除,本规则对见索即付保函或反担保函的所有当事人均具有约束力。由此可知,允许见索即付保函对《国际商会见索即付保函统一规则》进行修改或排除,故 A 项错误。

《关于审理独立保函纠纷案件若干问题的规定》第 3 条第 2、3 款规定:"当事人以独立保函记载了对应的基础交易为由,主张该保函性质为一般保证或连带保证的,人民法院不予支持。当事人主张独立保函适用民法典关于一般保证或连带保证规定的,人民法院不予支持。"故 B 项错误。

《关于审理独立保函纠纷案件若干问题的规定》第 6 条第 1 款规定:"受益人提交的单据与独立保函条款之间、单据与单据之间表面相符,受益人请求开立人依据独立保函承担付款责任的,人民法院应予支持。"故 C 项正确。

《关于审理独立保函纠纷案件若干问题的规定》第 7 条第 2 款规定:"单据与独立保函条款之间、单据与单据之间表面上不完全一致,但不导致相互之间产生歧义的,人民法院应当认定构成表面相符。"故 D 项正确。

306．国际融资担保[CD]

[解析] 备用信用证是指担保人应借款人的要求,向贷款人开具备用信用证,当贷款人向担保人出示备用信用证及借款人违约证明时,担保人须按该信用证的规定支付款项的保证。贷款人出具信用证要求的违约证明时,保证人不需对违约的事实进行审查即向贷款人付款。故 A 项错误。

备用信用证与商业跟单信用证适用不同的国际惯例。商业跟单信用证适用国际商会制定的《跟单信用证统一惯例》(UCP600),备用信用证可以适用《国际备用信用证》和《跟单信用证统一惯例》。故 B 项错误。

备用信用证具有独立性,其独立于国际贷款协议,在贷款协议无效时,开证行仍须承担保证责任。故 C、D 项正确。

307．国际融资担保中的见索即付保证[CD]

[解析] 在见索即付保证中,只要债权人提出付

款要求,保证人就应当立即履行支付义务,不得以申请人根据基础合同所产生的任何抗辩权对抗债权人,也不得关心对客观事实的调查,如委托人在履行基础合同中的违约事实,或受益人由此而遭受的实际损失等。本题中丙银行为保证人,不得以合同违约原因是乙国内战而不履行保函义务,也不需要实质审查后方履行保函义务。故 A、B 项错误。

见票即付的保函属于独立保证,保证人承担的是第一顺位的、独立的还款义务。故 C 项正确。

见票即付的保函属于连带保证,保证人不能行使先诉抗辩权。保函被担保人(乙国工程所有人)事先无须对借款人采取各种救济方法,便可直接要求保证人(丙银行)承担还款责任。故 D 项正确。

308．国际融资担保[CD]

[解析] 备用信用证是指担保人(开证银行)应借款人的要求,向贷款人开出备用信用证,当贷款人向担保人出示备用信用证和借款人违约证明时,担保人须按该信用证的规定支付款项。贷款人出具信用证要求的违约证明时,保证人即向贷款人付款,并不需要对违约的事实进行审查。故 A 项错误。

担保意愿书,又称安慰信,是指由一国政府或母公司根据其下属企业(借款人)的要求,向贷款人出具的表示愿意帮助该借款人偿还贷款的书面文件。其最大的特点是一般不具有法律效力,对担保人只具有道义上的约束力,通常仅适用于信誉良好的大型公司或政府组织,故大公司出具的担保意愿书具有很强的法律效力说法错误。故 B 项错误。

国际融资担保中使用最普遍的是见索即付保证,它是指担保人(通常是银行)应申请人要求或指示,对收益人承担付款义务,只要收益人要求付款,担保人即应向其支付约定金额。可见,见索即付保函是非从属性的独立的担保,独立于基础合同。故 C 项正确。

浮动抵押源于英国,是一种很特殊的物权担保方式,是借款人以现有的和将来取得的全部资产,为贷款人设定的一种物权担保权。浮动抵押不同于传统物权担保,其担保物的价值是变化的。故 D 项正确。

考点 113 国际贷款协议

309．国际银团贷款协议[BD]

[解析] 国际银团贷款是指由数家各国商业银行联合组成集团,按照统一的贷款条件向借款人提供贷款,可以分为直接银团贷款和间接银团贷款两种方式。本题中采取的是间接银团贷款方式,也就是先由牵头银行(甲银行)单独签订协议,向借款人提供贷款,然后甲银行再将贷款债权分别转让给其他参与银行。国际银团贷款中,所有参与银行都应按照统一的贷款条件向借款人提供贷款,各参与银行之间都不负连带责任。综上,AC 项错误,BD 项正确。**【特别提**

醒】直接银团贷款与间接银团贷款的区别:(1)直接银团贷款:由牵头银行组织→各个参与银行分别签订贷款协议→按照统一条件发放贷款→各个银行仅就各自份额负责,不负连带责任。(2)间接银团贷款:先由牵头银行单独签订协议,向借款人提供贷款→牵头银行再将贷款债权分别转让给其他参与银行。

考点 114 国际税法

310．共同申报准则(CRS)[BC]

[解析] 根据 CRS 标准交换税收情报是自动的、无须提供理由的信息交换。故 A 项错误。

根据 CRS 标准交换的金融账户信息是指广义的金融账户,覆盖几乎所有的海外金融机构,银行、信托、券商、律所、会计师事务所、提供各种金融投资产品的投资实体、特定的保险机构的账户都在覆盖范围内。故 B 项正确。

根据 CRS 标准交换的仅为金融账户信息,不包括投资海外房地产、珠宝、艺术品、贵金属等不属于金融资产的品类;此外,境外税务居民所控制的公司拥有的金融账户在 25 万美元以下的,也不包含在内。故 C 项正确。

CRS 是根据账户持有人税收居住地,而不仅仅依账户持有人的国籍来作为识别依据。张某定居在我国,为我国纳税居民,中国是其税收居住地。故 D 项错误。

311．国际税法;服务贸易总协定[AB]

[解析] 商业存在是指在所在国和其他成员的服务消费者提供服务,以获取报酬。包括通过设立分支机构或代理,提供服务等。故 A 项正确。

马克是甲国的纳税居民,居民税收管辖权指一国政府对于本国税法上的居民纳税人来自境内及境外的全部财产和收入实行征税的权力,即纳税人对其居民所属国承担的是无限纳税义务。故 B 项正确。

两个或两个以上的国家对同一纳税人的同一所得在同一时期征税属于国际重复征税而非国际重叠征税。故 C 项错误。

马克从该保险公司的分公司乙公司获利 35 万美元,乙国属于该笔所得的来源地国,有权征税。故 D 项错误。

312．国际税收[BD]

[解析] 国际税收管辖权分为两个基本类型:来源地税收管辖权和居民税收管辖权。中国属于里德的收入来源地,可以按照税收来源地管辖权进行征税。另外,题目中里德的劳务所得属于个人独立从事独立性的专业活动所得的收入,因其在中国停留超过了 183 天,183 天的免税期源于中国与其他国家或地区签订的避免双重征税和防止偷漏税的协定或安排,超过了 183 天,中国有权对其从源征税。我国《个人

所得税法》第 1 条也明确规定:"在中国境内有住所,或者无住所而一个纳税年度内在中国境内居住累计满一百八十三天的个人,为居民个人。居民个人从中国境内和境外取得的所得,依照本法规定缴纳个人所得税。在中国境内无住所又不居住,或者无住所而一个纳税年度内在中国境内居住累计不满一百八十三天的个人,为非居民个人。非居民个人从中国境内取得的所得,依照本法规定缴纳个人所得税。纳税年度,自公历一月一日起至十二月三十一日止。"故 A 项错误,B 项正确。

国际税收管辖权之间既存在冲突也存在共存。在本案中中国对里德征税,行使的是来源地税收管辖权。如果里德被甲国认定为纳税居民,甲国仍旧可以对里德行使居民税收管辖权。这两种管辖权可以同时存在。故 C 项错误。

居民税收管辖权的行使,是以纳税人与征税国之间存在税收居所的法律事实为前提的,如里德被甲国认定为纳税居民,则他应对甲国承担的是无限的纳税义务,即里德就其来源于全球范围内的所得或财产对甲国负有纳税义务。故 D 项正确。

313. 居民税收管辖权和所得来源地税收管辖权;居民税收管辖权冲突的解决;国际重叠征税[B]

[解析] 由于甲国以国籍为纳税标准,因此,只要具有该国国籍,无论是否在该国居住,均为该国的纳税居民。李某为甲国人,所以甲国既可对李某在甲国的房租收入行使征税权,也可对其在乙国的收入行使征税权。故 A 项错误。

由于各国在确定居民身份上采取了不同的标准,因此,各国在解决彼此间居民税收管辖权冲突问题时,一般采取在双边协定中确定某种所能共同接受的冲突规范。故 B 项正确。

国际重叠征税,指两个或两个以上国家对同一笔所得在具有某种经济联系的不同纳税人手中各征一次税的现象。国际重复征税,指两个或两个以上国家各自依据自己的税收管辖权,按同一税种对同一纳税人的同一征税对象在同一征税期限内同时征税。本题中,甲国和乙国对李某在乙国的收入同时征税,显然属于国际重复征税。故 C 项错误。

所得来源地税收管辖权,是征税国基于有关收益或所得来源于其境内的法律事实,针对非居民行使的征税权,是按照属地原则确立的税收管辖权。李某在乙国的收入并非来自甲国,因此,甲国对李某在乙国经营公司的收入行使的不是所得来源地税收管辖权,而是依据其国籍行使的居民税收管辖权。故 D 项错误。

314. 常设机构原则[AC]

[解析] 常设机构原则,是指仅对非居民纳税人通过在境内常设机构而获取的工商营业利润实行征税的原则。因此,常设机构原则不适用于居民纳税人。故 A 项正确,B 项错误。

常设机构包括:管理场所、分支机构、办事处、工厂、车间、作业场所、矿场、油井、采石场等。但不包括:陈列、展销、商品库存、为采购货物等而保有的场所,其他具有准备性、辅助性的固定场所。故 C 项正确。

常设机构仅仅是一个企业的一个固定的营业场所,不是一个独立的法人,因此其设立不必满足于对一个公司实体的法律要求。故 D 项错误。

315. 税收管辖权[ACD]

[解析] 当前国际上对法人纳税居民身份的认定主要有三种标准:(1)法人登记注册地标准,即依法人在何国注册成立来判断法人纳税居民的身份。(2)实际控制与管理中心所在地标准,即法人的实际控制与管理中心所在地设在哪个国家,该法人即为哪个国家的纳税居民,董事会或股东大会所在地往往是判断实际管辖中心所在地的标志。(3)总机构所在地标准,即法人的总机构设在哪个国家,该法人即为哪个国家的纳税居民,总机构通常指负责管理和控制企业日常营业活动的中心机构。一些国家在确定居民时采取两个以上的标准。故 A、C、D 项正确,B 项错误。

图书在版编目（CIP）数据

2024国家统一法律职业资格考试3000题：单科强化训练：详解版/拓朴法考组编.—北京：中国法制出版社，2024.6

ISBN 978-7-5216-4300-8

Ⅰ.①2… Ⅱ.①拓… Ⅲ.①法律工作者-资格考试-中国-习题集 Ⅳ.①D920.4

中国国家版本馆CIP数据核字（2024）第048751号

策划编辑：李连宇
责任编辑：李连宇 黄丹丹 刘海龙 潘环环　　　　　封面设计：拓　朴

2024国家统一法律职业资格考试3000题：单科强化训练：详解版
2024 GUOJIA TONGYI FALÜ ZHIYE ZIGE KAOSHI 3000TI：DANKE QIANGHUA XUNLIAN：XIANGJIEBAN
组编/拓朴法考
经销/新华书店
印刷/三河市华润印刷有限公司
开本/787毫米×1092毫米 16开　　　　　　　　　印张/118.5　字数/4100千
版次/2024年6月第1版　　　　　　　　　　　　　2024年6月第1次印刷

中国法制出版社出版
书号 ISBN 978-7-5216-4300-8　　　　　　　　　　定价：365.00元

北京市西城区西便门西里甲16号西便门办公区
邮政编码：100053　　　　　　　　　　　　　　　　传真：010-63141600
网址：http：//www.zgfzs.com　　　　　　　　　　编辑部电话：010-63141811
市场营销部电话：010-63141612　　　　　　　　　印务部电话：010-63141606
如有印装质量问题，请与本社印务部联系。
封底和正文二维码内容由拓朴法考提供，用于服务广大考生，有效期截至2024年12月31日。